KB177185

프랑스 사람은
지우개를 쓰지 않는다

FRANCE NO KYOIKU · KOSODATE KARA MANABU
JINSEI NI KESHIGOMU WO TSUKAWANAIIKIKATA
Copyright © Mana Iwamoto 2017
All rights reserved.
Original Japanese edition published in 2017 by Nikkei Publising Inc.
Korean translation rights arranged with Nikkei Publising Inc.
through Eric Yang Agency co., Seoul.
Korean Translation Copyright © 2019 by All That Books

이 책의 한국어판권은 EYA(Eric Yang Agency)를 통해 저작권자와
독점계약한 올댓북스에 있습니다.
저작권법에 의해 한국 내에서 보호를 받는 저작물이므로 무단전재 및 복제를 금합니다.

프랑스 사람은 지우개를 쓰지 않는다

이와모토 마나 지음
윤경희 옮김

올댓
북스

목차

제2장

성숙한 어른으로 키우는
학교와 가정의 논리

제3장

센슈얼리즘의 본질

제4장

어른 문화와 관능 경제

제5장
출산과 양육 이야기

철이 든 이후로 인생의 절반을 파리에서 살아왔다. 일본에서 피부과 임상의로 활동을 시작해 프랑스에서는 미용피부학과 항노화 의학을 전공했다. 그리고 그 지식을 기반으로 지금은 활동 분야를 화장품과 에스테틱 등의 미용계로 확장해 일본과 프랑스를 오가며 일하고 있다.

여성의 아름다움—투명하고 탄력 있는 피부와 동안에서 느껴지는 젊은 첫인상으로 순위를 따진다면 다르겠지만, '여성의 힘이라고 생각할 수 있는 아름다움'을 기준으로 본다면 아무도 프랑스 마담과 대적하지 못하리라.

프랑스에서는 2012년 이후, 공문서에 마드무아젤이라는 호칭을 쓰는 것이 금지되었다. 마담은 부인, 기혼자라는 의미가 아니라 어린아이를 제외한 여성 전부를 지칭한다.

프랑스 여성과 우리 나라 여성에게서 느껴지는 아름다움의 차이는 확실히 달랐다. 그런데 콕 짚어 뭐가 다른 걸까? 직업이 직업이니만큼 수많은 여성의 피부를 보아온 나였기에 이런 의문에서 쉽사리 벗어날 수 없었다.

그랬는데 어느 날인가 그런 의문이 싹 사라졌다. 본질적인 차이는 피부나 젊어 보이는 오목조목한 얼굴에 있는 것이 아니었다. 표면적인 피부만 응시했던 근시안적인 시야가 '사물' 전체를 못 보게 방해하고 있었던 것이다. 프랑스 여성은 주뼛주뼛하지 않는다. 자신감에 가득 차서 행동한다. 이에 반해 우리 나라 여성은 조신하다고나 할까, 뭔가 몸을 사리고 사양하는 분위기를 풍긴다.

남성의 눈에 어느 쪽이 매력적으로 보일까를 논하는 것이 아니다. 자신감─글자 그대로 자신을 신뢰하고 있는지, 아이덴티티가 확립되어 있는지를 따지는 것이다. 자신감이 있는 사람은 스스로를 밖으로 드러내는 걸 두려워하지 않는다. 반면 자신감이 없으면 타인에게 매달릴 수밖에 없다. '아름다움은 표상이 아니라 의지'라는 것이 내 지론이다. 여성은 단일한 이미지(표상)를 좇는 미의식에서 해방되어 다양성을 지닌 아름다움을 추구해야 한다.

젊어 보이는 첫인상과 아름다움은 누구에게나 관심 깊은 사안일 것이다. 하지만 내 눈에 프랑스 사람들은 특히 젊음에서 비롯되는 아름다움에 큰 비중을 두지 않는 것처럼 보인다.─이것은 문화적 특성일까?

프랑스의 남성과 여성의 자신감은 성숙한 문화 속에서 배운 경험을 통해 스스로 인생을 긍정적으로 받아들이는 데서 탄생한 것일까?

아름답고 기품 있는 미녀의 세련된 언행에서 보이는 아름다움은—
신은 섬세한 곳에 계신다고 하듯—그야말로 눈부시다.

성숙한 문화 속에서 살아가는 프랑스인의 삶은 한마디로 연애지
상주의이다. 그들의 인생 목적은 연애를 해서 사랑을 쟁취하는 것이
다. 아무르(amour: 사랑)를 빼면 대체 무엇이 인생이냐는 듯이!

물론 혼자서는 아무르를 할 수 없다. 상대가 필요하다. 이때 꼭
필요한 것은 아무르의 상대방과 마음도 몸도 똑같이 반응하는 '센슈
얼(sensual: 관능적인, 섹시한)'이다. 그런데 내가 쓰는 센슈얼의 의미는
이른바 관능 소설의 관능과는 조금, 아니 상당히 다르다.

오감을 통해 들어오는, 그리고 느끼라고 당당히 요구하는 감각의
유혹들. 눈에 들어오는 색채, 귀에 들리는 소리, 코를 깨우는 매혹적
인 향기와 혀를 춤추게 하며 입안에서 퍼지는 맛, 피부로 느껴지는
부드러운 촉감들… 모든 감각들이 한꺼번에 잔잔히 넘실거린다. 이
것이 쾌락이다. 쾌락에는 나이가 없다.

문예평론가인 나카무라 신이치는 '연애를 즐기는 연령폭이 넓은
나라일수록 뛰어난 문명을 갖는다'라고 했다. 이 말은 '문명의 발달
은 여성의 연애 연령폭으로 측정할 수 있다'로 바꿔 말하는 게 깔끔
하다. 그런 면에서 프랑스는 우리보다 훨씬 문명국이다.

프랑스 사람들은 나이에 관계없이, 아니 나이와 수치심은 반비례
하는 게 아닌가 여길 만큼 여성도 남성도 정열적으로 일관되게 평생

연애를 즐긴다.

또 하나 주목할 부분은 교육이다. 프랑스를 보면 좀 독특한 나라임에 틀림없다. 노트 필기는 만년필로 하며 시험의 답안을 연필로 적거나 지우개로 지우는 걸 인정하지 않는다. 한번 적은 것은 줄을 그어 지워도 그 흔적이 남는다. 더 특이한 것은 답안에 '아름다움'을 요구한다는 점이다. 수학 문제의 답안이 틀렸더라도 한눈에 봤을 때 답안이 아름다우면 점수를 좀 준다. 아니, 대체 왜?

어린 시절부터 '정답이 없는 문제에 대응하는 힘'을 키우기 위해서란다. 그렇기 때문에 채점하기 쉬운 객관식 선택형 문제나 OX식의 문제는 내지 않는다. 어른이라면 모두 알고 있듯이, 인생에는 1+1=2처럼 정답이 하나만 존재하는 일이 정말 드물다. 이런 사실을 깨달은 어린이라면 1+1=2를 계산해 '아이, 똑똑하기도 해라'라고 어른에게 칭찬받는 어린이보다 몇 배나 빨리 성숙해질 것이다. 하루 빨리 어른이 된다는 말은 어른으로서 느끼는 즐거움과 기쁨을 더욱 빨리 알게 된다는 뜻이다.

정답이 없는 문제 중 최고봉은 철학 명제이다. 철학에 정답은 없다. 좀더 강하게 표현한다면, 정답은 한 나라의 인구수만큼 무수하게 존재한다. 철학 문제를 채점할 때는 학생이 어떤 답을 제출했는가가 아니라 학생의 사고 과정이 논리적인가를 확인한다. 정답이 없는 문제에 대응할 수 있는 힘이란 생각하는 힘이고, 우리는 이것을 키워야 한다.

생각하는 힘은 개성이 된다. 그리고 개성의 집합체인 국가를 강인하게 할 것이다. 세계를 가슴에 품는 힘이 될 것이고 글로벌리즘에서도 굳건히 살아남는 사람으로 키울 것이라고 (프랑스 국민은) 생각하고 있다.

이들은 르네상스 시대의 사상가 몽테뉴가 그의 저서 《수상록》에 밝힌 교육론인 '모든 학문 중에서 가장 어렵고 중요한 것은 어린이의 양육과 교육이다'를 현실에서 실현하려 한다는 취지인데 이 얼마나 무시무시한가.

'교육'이란 '성숙한 어른 문화'다.─LGBT(성적 소수자─역주)에 관한 고려는 어느 사회든 중요하지만─이 책은 남성과 여성의 커플 문화를 중심으로 다룬다. 프랑스는 모든 것이 어른 중심인 사회이며 어른은 아이들이 동경하는 존재이지 응석을 받아주는 상대가 아니다. 어른과 어린이는 확연히 구별되고 있다. 어린이는 자신과 가장 가까운 '부모'를 성장의 교본으로 삼는다. 이것이 프랑스의 성숙된 어른 문화를 만들어나간다.

마지막으로 센슈얼리즘(관능주의)이다. 원래 센슈얼은 '관능(감각)'이라고 번역된다. 이 단어의 울림 때문에 '관능 소설'에서 쓰이듯이 음탕하고 문란한 성을 뜻한다고 여길 수 있으나, 여기서 말하는 '관능'이란 미용업계에서 종종 쓰이는 '관능 평가'의 관능과 가까운 의미다. 시각·청각·후각·미각·촉각의 오감에 지성과 감성 등을 더한 의미다. '느끼는 뇌(感腦)'로 바꿔 표현할 수 있는데, 단연코 섹스지상주의와는 분명하게 구별된다. 그렇지만 생명력으로서의 에로스는 포함한다. '느끼는 뇌'─감각 기관을 통해 들어오는 시그널로 유발된 뇌내 호르몬들이 서로 영향을 주고받으며 관능(센슈얼)이 가득한 기쁨으로 향한다. 나는 이 '센슈얼리즘' 없이는 프랑스의 문화, 경제, 글로벌화를 이해할 수 없다고 생각한다.

기능적 관점에서 말하자면, 지금 있는 직종의 대부분은 AI로 대체되어 갈 게 틀림없다. 그렇다면 인간은 직업·직종을 선택하는 기준이 지금처럼 연봉의 높고 낮음이 아니라 숫자로 계산 불가능한 '오감이 느끼는 행복'이 될 수밖에 없다. 감각을 연마하고 감성을 풍부하게 해야 한다─그러니 센슈얼리즘이 더욱 더 주목받아야 하지 않겠는가?

프랑스인의 세상에서 통용되는 삶의 방식을 힌트로, 보다 좋은 나라, 남녀가 사랑하고 싶어지는 나라, 결혼하고 싶어지는 환경이 되면 좋겠다. 그런 일념으로, 좋은 기회를 맞아 펜을 들었다.

제 1 장

정답이 없는 인생에서
우뚝 서는
프랑스의 교육

1
Une

노트 필기도
아름답게 하는 속뜻

프랑스 초등학교 수업의 풍경이다. 선생님이 칠판에 수업 내용을 쓰
면 아이들은 노트에 베껴 적는다. 그런데 프랑스에서는 노트 필기를
잘했는지 평가하는 기준이 '한눈에 봐서 아름다울 것'이라는 점이
특이하다. 노트 필기는 아름답게 정리되어 있어야 한다. 이 나라는
모든 것에 '아름다워야' 한다는 조건을 요구하는 듯싶다. 프랑스의
교육에, 프랑스인의 개성에, 그리고 아무르(사랑)에의 탐닉에…. 해석
은 다양할 수 있겠으나, 아름다운 것이야말로 이 세상에서 최고라는
생각이 만물의 근원에 뿌리내리고 있는 것처럼 느껴졌다.

교실에서 쓰는 노트는 다양하다. 글씨 쓰기 교본처럼 굵은 선이
네모 모양으로 쳐진 노트가 있는가 하면, 모눈종이처럼 연한 색깔의
선이 촘촘하게 쳐진 것도 있고, 아예 선이 없는 무지 노트도 있다. 어

떤 노트를 쓸 것인가는 교사가 정한다. 초등학교에서는 맨 처음에 알파벳을 예쁘게 쓰기 위해 좁은 가로선이 있는 노트를 많이 쓰지만, 워낙 담임교사의 재량권이 넓기 때문에 노트마다의 개성을 음미하는 즐거움도 쏠쏠하다.

맨 처음, 아이들은 파란색 볼펜으로 예쁜 필기체를 연습한다. 획의 순서가 잘못된 부분은 초록색 펜으로, 중요한 부분은 빨간색 펜으로 첨삭도 받아가며 몇 번이나 반복해 철저하게 훈련한다. 글씨는 언제나 '가지런하게, 아름답게' 써야만 하기 때문이다.

교사는 아이들이 제출한 노트를 일일이 체크한다. 각각의 노트에는 그 주인인 아이의 역사가 담겨 있다. 꼬맹이들의 낙서처럼도 보이는 글씨가 적힌 노트를 바라보면서, 교사는 아이들 한 명 한 명의 이해도를 판단한다. 그리고 빨간색 펜으로 Trés Bien(참 잘했습니다. TB), Bien(잘했습니다. B), Assez Bien(보통입니다. AB), VU(봤습니다. 의역―노력합시다(médiocre, 평범, 혹은 그보다 못한 부정적인 뜻으로 표현하는 교사도 있다.) 등을 적고는 아이들에게 돌려준다.

교사가 주목하는 부분이 하나 더 있는데, 바로 예술성이다. 설령 테스트의 답이 틀렸을지라도 답안지에서 드러나는 디자인성이 뛰어나다면 그것만으로 점수를 부여한다. 배점은 만점(프랑스에서는 20점이 만점이다.)의 10분의 1 정도인데 100점으로 환산하면 10점이나 되니, 예술성이 있고 없고에서 큰 차이가 난다.

예술 점수는 가점만 있지 않다. 올바른 답이 적혀 있더라도 답안지가 더럽혀져 있거나 악필로 써서 읽을 수 없는 등 답안이 아름답지 않으면 예외 없이 감점된다. 프랑스 초등학생의 필기도구는 앞에서도 말했듯이 볼펜이다. 연필과 지우개는 쓰다가 잘못된 부분이 생기면 (쓰던 과정도 포함해서) 지우개로 지워서 '없던 것'으로 할 수 있다. 연필과 지우개를 쓰면 물에 흘려버린 듯 아무것도 남지 않는다. 그런데 정말로 아무것도 남지 않을까? 글씨는 노트에서 지워졌을지라도 내용은 머릿속에서 편할 대로 가공되어 기억으로 새겨진다. 이때는 이미 이전과 같은 상태가 아니다. 하지만 썼던 글씨를 지우고 다시 적은 종이 위에는 완전한 결백(=순진무구)만 남아 있으니 당연히 무사통과 아니겠는가.

이쯤에서 당신도 '그래도 되나?' 하는 의문이 떠오를 것이다. 정말로 없던 것으로 쳐도 되는 것일까?

프랑스 사람에게는 아름다움이 무엇보다 우선이고 진실은 그다음인 듯하다. 진실이긴 하지만 아름답지 않은 것은 냉담하게 평가한다고밖에 달리 표현할 말이 없다. 아름다움은 프랑스 사람들의 인생을 관통하는 근본적 가치관이다. 어린 시절부터 의식 속 저 깊고 작은 공간에 주입된 후 죽는 날까지 살아 숨쉬는 가치관이다.

개성을 기르는
만년필

빠르면 초등 저학년부터, 고학년이면 대부분의 프랑스 아이들이 수업에서 노트 필기를 할 때 만년필을 사용한다. 만년필은 볼펜에서 한 단계 발전했다는 의미로 쓰거나 볼펜과 병행해 쓰는데, 어떻게 사용할지는 노트를 지정할 때처럼 교사의 재량으로 정한다.

프랑스의 학생들은 지우개를 사용하지 않고 줄을 그어 그 부분을 지우는 방법을 쓴다.

교육적으로 만년필을 쓰는 이유는 두 가지이다.

하나는 '틀린 것을 없던 것으로 하지 않도록 하기 위해서'이다. 앞에서 교사는 아이들 각자의 역사가 담긴 노트를 일일이 확인하면서 그 아이가 이해해 나가는 과정을 살핀다고 했다.

이것도 같은 이유 때문이다. 교사는 아이가 어느 부분에서 어떻게 잘못했는지, 그것을 어떻게 해결해서 정답에 도달했는지의 과정, 다시 말해 시행착오를 거쳐 정답에 도달하는 궤적을 알고 싶은 것이다.

지우개로 지워서 정답만을 남겨둔 노트로는 그러한 과정을 알 길이 없다. 프랑스의 교사는 학생이 잘못된 부분을 끊임없이 적고 줄을 그어 지우기를 반복하면서 결국 정답을 찾아나가는 지난한 '깨달음'의 과정을 알고 싶은 것이다.

아무리 반복해서 잘못된 부분을 지우더라도 노트의 아름다움은 엄격히 지켜야 한다. 그렇다고 해서 모든 것이 똑같은 공식과 해답에 매몰된 인쇄물 같은 결과물을 요구하는 것은 아니다. 오히려 그런 것을 혐오한다고 표현하는 게 맞다.

'깨달음'이야말로 '발상'이 움트는 모태다. 프랑스의 초등학교 수업은 '인지'를 이끌어내어 학생이 깨닫게 함으로써 개성을 키우는 공간이기도 하고, 또 이를 지향한다. 이러한 학습 과정은 학생들이 성장하며 자기 정체성을 확립하도록 돕고 국제화된 다국적 사회에서 위축되지 않고 활동할 수 있도록 자신감을 키워준다고 믿는다.

만년필을 쓰는 나머지 이유는 역시 '아름다움'이다.

만년필이 아름다운 필체를 만드는 가장 뛰어난 필기구 중 하나라는 점에는 이견이 없을 것이다. 만년필은 종이 위에서 누르는 힘과 펜 끝의 방향에 따라 글씨를 굵거나 가늘게 하면서 아름답고 리드미

컬하게 연출한다. 아름다운 답안을 요구하는 프랑스의 시험에서는 만년필로 완성된 독특한 미를 채점한다. 물론 더럽혀진 글씨가 있으면 감점한다. 프랑스의 학생들은 중학생 정도 되면 정말로 아름다운 글씨를 쓸 수 있게 되고 그렇게 성장한다.

연필에도 장점은 있다. 미묘한 농담을 표현해야 하는 소묘나 잘 못된 부분을 선으로 그어 지울 수 없는 설계도 등에서는 연필과 지우개가 사용된다.

그러나 그렇다 하더라도 연필의 장점이 발휘되는 것은 예외적인 수업 때뿐이다. 프랑스인에게 만년필을 중심으로 지울 수 없는 필기도구를 사용하는 교육은 창의성을 모색하고 개성을 키우는 훈련까지도 되는 것이다.

초등학생 때부터 만년필을 쓰면서 기르는 감각이 하나 더 있다. 만년필은 쓰고 버리는 물건이 아니다. 긴 시간 동안 사용한다. 게다가 펜촉이 민감하기 때문에 적절한 필압으로 쓰지 않으면 망가지고 만다. 특성에 따라서 도구를 소중히 다루는 법을 익히면 점차 애착도 느끼고 취향도 생길 것이 틀림없다. 단언컨대, 센슈얼리티를 사랑하는 기회가 되지 않을까.

취향이라고 하니까 고가 브랜드 제품을 떠올릴지도 모르겠다. 하지만 그런 게 아니다. 문구점에는 워터맨이나 펠리컨 등 학생용으로 나온 저렴하면서도 기능적인 만년필이 다양하게 구비되어 있다.

학생 입장에서는 주로 고품질이나 디자인보다는 '내 손에 편한지'를 기준으로 만년필을 선택한다. 손에 익숙해진 만년필로 펜촉을 소중하게 다루면서 아름답고 예술적으로 글씨를 표현하는 것이야말로 센슈얼이다.

미용업계에서 유명한 미모의 50대 여성이 있다. 그녀는 언제나 조부의 유품이라는 몽블랑 만년필을 우아하게 쓴다. 좋은 가풍 속에서의 성장과 교양까지 느끼게 하는 만년필은 일평생 함께하는 물건인가. 어느새 부러웠다. 그것만으로도 충분히 매력적이다.

3
Trois

수학 답안에도
문학적 센스는 필수

수학과 물리 시험도 당연히 논술식이다.

학생들 앞에는 하얀 답안용지가 놓여 있다. 교사가 문제지를 배부하고 학생들은 마른침을 삼키며 바라본다. 아이들이 맨 처음 하는 일은 이름을 적고 백지에 정확하게 문제를 베껴 쓰는 것이다.

답은 단순히 계산을 나열하고 나온 답을 적어 끝내는 게 아니라 모두 다 언어로 설명해야 하는 것들이다. 답에 도달하는 사고 과정을 논리적이면서도 지나치지도 부족하지도 않게 설명해야 한다.

학생이 적어내는 설명은 다른 사람을 확실히 설득할 수 있는가를 묻는 질문에 대한 대답과 같다. 설명이 완벽하지 않으면 결론에서 나온 숫자가 틀리지 않았더라도 감점된다. 반대로 결론의 숫자가 틀려도 답을 이끌어내는 과정의 논리가 올바르면 그에 따른 점수가 부

여된다. 게다가 아름답고 깔끔한 글씨로 정돈되어 적혀 있다면 추가
점수를 기대할 수 있다. 시험은 정답 그 자체보다도 과정과 논리를
평가하는 것이라 생각을 꿰뚫는 힘이 있어야 한다. 무엇보다 놀라운
건 시험에조차 아름다움에 대한 배려가 있다는 점이다.

우리 같으면 정답인데도 감점되거나 오답인데도 점수를 받는다
면 수학의 정의에 위배된다고 하거나 교사의 재량에 위임하는 부분
이 많으니 일관성이 없다고 불만을 쏟아낼 것이다. 프랑스 사람들은
교사의 재량에서 나오는 유동성에 흠을 잡거나 하지 않는다. 인생의
부조리를 나름의 방법으로 알려주는 교육의 하나로 생각한다. 이들
이 시간이 촉박해지면 연필을 굴려서 선택형 문제의 답을 찍는 것과
같은 시험 풍경을 보기라도 한다면 몹시 놀랄 것이 틀림없다.

프랑스에서 고등학생이 되면, 대부분의 학생들은 답안을 아름다
우면서도 이해하기 쉽게 표현할 수 있게 된다. 그런데도 '적확하지
않다', '읽을 수 없다', '더럽혀졌다' 등의 이유로 항상 감점을 받게
되다 보니 아이들은 고민할 수밖에 없다.

그랑제콜(Grandes Écoles; 프랑스의 엘리트 고등교육 기관-역주)을 거
쳐 기술계 커리어 엘리트가 되어 지금은 자신이 좋아하는 일을 하는
친구의 아들이 있다. 그 아들은 리세(lycée; 프랑스의 3년제 후기 고등중
학)에 다니던 시절 수학을 좋아했다고 한다. 그런데 답을 맞혔는데도
어쩐 일인지 감점을 받아 1점이 정말 아쉬운 성적을 받은 적이 있었

단다. 그 때문에 고민하길 여러 날, 어느 현명한 가정교사를 만난 뒤 톱클래스로 도약했다고 기뻐하며 말했다. 어떻게 그리 됐는지 물으니, '좋은 평가를 받지 못한 까닭은 사고 과정을 잘 설명하지 못했기 때문이라는 지적을 받았고, 그 이후 많은 사례를 참고해가며 논리적인 서술법을 철저하게 훈련한 덕분'이라고 했다.

가만히 생각해보면 정말 당연한 말이다. 모든 사고는 언어를 통해 이루어지므로 수학은 '문학적인 센스'가 없어도 괜찮다고 여기는 건 그야말로 넌센스다. 수학의 특징―수학은 철학이다―을 생각해 봐도, 아름답지 않으면 수학이 아니다. 20세기를 대표하는 철학자이자 수학자였던 버트런드 러셀(Bertrand Russell)은 일찍이 "올바른 시각으로 보면, 수학은 진리만이 아니라 궁극의 아름다움도 함께 갖고 있다."라고 말했다.

그리고 계산 문제에 대해 말하자면, 프랑스는 일찍부터 수업에서든 시험에서든 전자계산기 사용을 허가하고 있다. 앞서 말한 친구의 아들은 처음에 암산이 안 되는 것은 끝까지 안 됐다고 한다. 어찌하면 좋을지 수학 선생님에게 물었더니 "계산은 계산기에 맡기고 수학적으로 사물을 바라보는 관점과 생각하는 방식을 배우는 것이 수학이다."라는 대답이 돌아왔단다.

4
Quatre

논술식 문제는
인재의 등용문

프랑스의 시험 형식을 보면 놀라운 점이 한두 가지가 아니다. 시험 문제는 OX식도 아니고 객관식 선택형도 아니다. 거의 대부분이 논술식의 답을 요구하는데, 그 까닭은 무엇일까?

　제한 시간이 다 되면 '으, 할 수 없지' 하며 적당히 답을 골라 답안지에 표시하는 일은 프랑스에서 있을 수 없다. 시간이 다 되면 끝이고 답안용지는 백지 그대로다.

　어째서 시험 문제에 선택형이 없는 걸까? 채점과 평가를 하는 입장에서 보면 OX식이나 객관식 선택 문제가 채점하기도 좋고 점수도 들쭉날쭉하지 않은데다가 누구에게나 공평하다. 이에 반해 논술식은 채점하기 번거롭기도 하고 채점자가 여러 명이기라도 하면 공정성 문제도 일어난다. 정말로 왜, 무엇 때문에 논술식이냔 말이다.

인생은 선택의 연속이다. 오른쪽인지 왼쪽인지 선택하는 일은 살아 있는 한 항상 따라다닌다. 다기망양(多岐亡羊: 달아난 양을 찾다가 여러 갈래 길에 이르러 길을 잃었다는 뜻으로 학문의 길이 여러 갈래로 나뉘어 있어 진리를 찾기 어려울 때 또는 방침이 많아 할 바를 모르게 될 때를 비유-역주)이라는 고사성어가 있듯, 사람은 오른쪽이든 왼쪽이든 한쪽만 선택해야 하기 때문에 갈팡질팡하는 것이 아니다. 오른쪽도 왼쪽도 선택할 수 있기 때문에 갈등하고 고민한다.

프랑스 사람들은 인생의 선택에 '잘못이 있을 수 있음'을 받아들이지 않는다. 잠깐, 이 말을 오해하지 말기 바란다. '어떤 길을 선택해도 오답이 아니다.'라고 여긴다는 뜻이다. 그렇기 때문에 '정답도 없다'.

인생에 정답이 없기 때문에 인생에 오답도 없게 되는 것이다.

그러므로 현실에서 선택 문제를 연습할 필요가 없기 때문에 시험에도 선택 문제가 없다는 논리가 성립한다. 즉 정답이 하나가 아니라는 사실을 논술식을 통해 지속적으로 직면하면 인생에서 어렵거나 기묘한 문제를 맞닥뜨려도 동요하지 않을 수 있으며, 한편으로는 더 이상 이 세상을 순수하게 바라볼 수 없게 된다는 뜻이 담겨 있다.

그래도 새하얀 백지에다가 한눈에 봤을 때 아름답게 보이도록 모든 것을 고려하는 동시에 논리를 구축하며 답안을 작성하다 보면 커다란 자신감을 얻을 수 있으리라. 어른이 되면 최강의 실력자가 될 것이 틀림없다.

원래부터 백지는 일종의 강박관념이 아니던가. 그림이든 글이든 무언가를 채울 운명을 완수하고자 백지는 하얗게 비어 있다. OX식이나 객관식 선택 문제의 경우, 기호로 정답을 표시할 수 있지만 글이 아니기에 백지를 채우지는 못한다. 논리적 글로 백지를 채우려면 오랫동안 꾸준한 교육이 필요하다. 프랑스 사람들은 아직 어린 나이일 때부터 논술 문제를 직면하고 반복적으로 훈련하면서 성장해나간다. 마치 잉어가 폭포처럼 쏟아지는 급류에 뛰어들어 물살과 대결하다가 용소(龍沼)로 떨어질지언정 포기하지 않고 다시 맹렬하게 뛰어드는 정경이 떠오른다. 그렇게 해야만 한다는 강박관념이 있듯이 말이다.

낙오하지 않고 폭포를 오른 잉어는 용이 되는—등용문의 고사를 방불케 한다.

프랑스에서는 학년이 높아질수록 논술식 시험을 치르는 시간도 늘어나 한 번에 3~4시간씩 치르는 일도 흔하다. 익숙해지면(습관화되면) 어떻게든 한다. 이런 습관이 든 프랑스인은 인생에서 활용할 무기가 적어도 한 개쯤은 더 많다고 표현해도 허튼소리가 아닐 것이다.

일전에 사회학 교수인 지인이 "우리는 사물을 연속적으로 연상하는 특기가 있는 게 아닐까 싶어요. 반면 프랑스인은 그런 점이 약하기 때문에 소위 인생도 비연속이란 점을 그리 괴롭게 느끼지 않나

봅니다."라고 말한 적이 있다.

　연속된 것이란 평탄한 길을 걷는 것을 말하고 비연속이란 도약이
자 비약을 강조하는 말이다. 그러니 이 사회학 교수의 말은, 우리가
잘하는 것은 개량형 이노베이션이지 스티브 잡스처럼 패러다임을
통째로 전환하는 '새로운 창조'는 아니라는 뜻이다. 다시 말해 이는
부모·상사·교사가 가리키는 길을 선택하는가, 편안함을 뿌리치고
라도 마음이 원하는 파이오니어를 향해 돌진하는가의 차이로 나타
날 수 있다.

　도약하려면 리스크가 따른다. 망설임을 뛰어넘는 방법은 용기를
내는 것밖에 없다. 프랑스 사람들의 마음속 저 밑바닥에 있는, 혁명
조차 태연하게 극복하는 강인함을 볼 때마다 깜짝 놀라는 건 나뿐만
이 아닐 것이라고 본다.

　OX 문제, 빈칸 채우기. 이 둘은 컴퓨터로 채점이 가능하다. 교사
입장에서 효율적이고 평가하기 용이하다. 그러나 문장 표현에 따른
행간의 의미, 문학의 따스함과 섬세함, 개성이 두드러지는 '그 사람
다움'은 깎여나가 버린다. 어휘력과 구성력 배양이란 것도 없다.

　OX 문제로 판정할 수 있는 지식을 추구한 결과 인간은 스스로
창조한 도구인 AI(인공지능)를 이길 수 없게 되었다. (바둑이나 장기를
보라!) AI의 대두로 많은 직종에 인간이 불필요해지고 있다. 지금 갓
태어난 아기가 성인이 될 무렵 인간에게는 얼마큼의 직업이 남을 것

인가? AI가 인간과 절대로 적수가 되지 못하는 분야는 '창조' 분야이다. 인간에게는 이제 무에서 유를 낳는 창조밖에 없다.

인간에게만 주어진 창조력(=상상력)을 기르자. 프랑스에서든 과거의 위대한 사람들에게서든, 배워야 할 게 있다면 탐욕적으로 배우고 싶다.

하얀 백지에 꿈을 그린다. 인생을 활짝 펼치는 모험 정신, 백지를 두려워하지 않는 교육은 좋은 교육이다.

프랑스식으로 생각하면 내가 지금 주장하는 것도 역시 정답이 아닐 것 같다. 프랑스 방식이 모두 좋다고는 꿈에도 생각지 않는다. 우리의 전통과 훌륭함이 살아 숨쉬는 교육과 예절로 프랑스를 따라잡고 싶은 마음이 훨씬 크다.

정답이 없는 문제에 대한 대답이라면 더더욱 그렇다. 누구든지 깊이 생각할 권리는 있기 때문이다.

5
Cinq

만점 답안지는
존재하지 않는다

프랑스 시험에 관한 신기한 이야기는 계속된다. 바로 만점이 20점이라는 것이다! 합격점은 12점인데 이를 100점 만점으로 환산하면 60점이다. 합격점이란 게 있는 나라… 괜스레 부러운 마음이 든다. 이야기를 되돌려서, 이 나라 프랑스의 관습이겠지만 점수 표시는 17/20처럼 분수식으로 하고, 교사에 따라서는 16.5처럼 소수점으로 하기도 한다.

대학입학자격검정시험인 바칼로레아(Baccalauréat)에서는 전 과목 평균이 12~14점이면 mention assez bien(몽숑 아세 비앙, 보통), 14~16점이면 mention bien(몽숑 비앙, 좋음), 16~18점이면 mention très bien(몽숑 트레비앙, 매우 잘함)이다. 너무나 드물어서 존재조차 확실치 않은 felicitations(펠리시타시옹, 축하! 브라보!)이라는 몽숑(성적 평가)은 소문에 따르면 18점 이상을 얻은 사람에게 주어진다고 한다.

100점 만점제가 별 문제 없다고 여겼는데 그래서는 안 된다니, 대체 이유가 뭘까? 프랑스의 경우, 20진법을 존중해서 그렇다든가 수를 세는 방법 자체가 20을 단위로 하기 때문이라는 설이 있긴 하다. 또는 그냥 쉬워서라는 말로 설명해버리기도 한다. 한마디로 정리하자면 'ㄱ게 어쨌다고?'라는 반응이다.

내가 생각하는 이유 중 첫 번째는 '프랑스인이 세세한 것에 그다지 신경 쓰지 않기 때문' 같다. 예를 들면 이렇다. 100점 만점에 75점점과 80점의 차이를 설명하기는 괴롭지만, 20점 만점에 15점과 16점의 차이를 설명하라면 '아주 작은 뉘앙스 차이'나 '깨끗한 글씨' 등을 이유로 들어 점수 차이를 설득할 수 있다.

두 번째로, 논술의 답으로 얻는 점수가 전체 점수의 대부분이 되면—80점과 85점의 차이를 감각적으로 이해하기 어렵듯이—평가하는 교사가 느끼는 압박도 커지기 때문이다. 즉, 귀찮아진다. 아무래도 프랑스는 의사나 교사의 파업이 자연스러운 사회인 만큼 노동하는 측의 상황을 우선하느라 그런 게 아닐까 싶다.

마지막으로, 시험을 '놀이'로 보기 때문이다. 운전을 흉내 내는 핸들놀이를 'play in steering wheel'이라고 하듯이 말이다. 부정확한 자로는 길이를 제대로 측정할 수 없겠지만 그렇다고 칼날같이 정확할 필요도 없는, 그저 대략적으로 평가하면 된다는 생각이다. '대륙적'이란 게 바로 이런 것인가 보다.

또한 문학 · 역사 · 철학 등의 문과계 시험에서는 (설령 아무리 완벽한 답안을 작성했다 해도) 만점인 20점을 거의, 아니 확실히 주지 않는다(라고 하지만 교사의 재량이기 때문에 예외는 있다).

최고점이 19점이라는데 난 본 적도 없다. 19점은커녕 18점 이상은 거의 나오지 않는다고도 한다. '철의 처녀(유럽 중세 시대에 쓰였다고 전해지는 고문 도구-역주)'와도 맞먹을 만큼 평가 기준이 엄격한데, 그 이유는 문학이나 철학에 완벽은 있을 수 없기 때문이란다.

완전무결함은 과연 인생을 살면서 몇 번이나 마주치게 될까. 아마 없겠지. 시험 때마다 빈번히 완전무결한 점수가 세상에 나온다고 과연 그게 완벽이겠는가.

유명한 사립 리세의 교사가 이런 말을 한 적이 있다.

"인간이 이룩한 것에 완벽은 있을 수 없습니다. 완벽한 것은 천상의 세계에 있는 신의 영역에만 있습니다. 인간이 신과 동등하다고 생각하는 것 자체가 모독이죠."

사고방식 자체가 철학적이니 그야말로 데카르트의 자손답다. 유일신의 나라와 수많은 신의 나라는 원래부터가 다르리라.

그러고 보니 노벨상을 거부해서 더 유명해진 사르트르도 이렇게 말했다.

"그 어떤 예술가도, 그 어떤 작가도, 그리고 그 어떤 사람도, 살아

생전에 신성화될 만큼 가치 있는 사람은 없다."

프랑스는 100점 만점을 칭송하는 나라들과 상당히 다르며 그래서 더 흥미롭다. 미완의 철학은 언제나 여전히 배고프게 하고 오만함을 깨치게 만들어 인간을 한층 더 높은 곳으로 고양시키는 존재가 아닐까.

6
Six

프랑스의 국어 교육

신약성서의 요한복음서는 '한 처음에 말씀이 계셨다. 말씀은 하느님과 함께 계셨는데 말씀은 하느님이셨다'로 시작한다. (프랑스는 가톨릭국가이므로 이 요한복음서 표현은 가톨릭 성경에서 따왔음-역주)

요한복음서의 내용을 자세히 설명하면 이렇다. '이 책은 처음에 신의 곁에 있었다. 모든 것은 말씀에 의해 이루어지고 말씀에 의하지 않고 이루어지는 것은 없다. 말씀은 생명이고 생명은 하느님의 빛이다. 하느님은 말씀이었던 것이다.'

영혼의 힘이 있다고 믿었고, 말이 신으로부터 나오는 생명의 빛이라며 숭배했던 것이다.

프랑스는 성서의 내용 때문이 아니라 원래 자기 나라 말인 국어(=프랑스어)를 무엇보다 소중히 여긴다. '명료하지 않은 것은 프랑스어가 아니다.(Ce qui n'est pas clair n'est pas français)'라는 프랑스 명언도 있듯이, 프랑스어가 세계에서 가장 논리적인 언어라는 자부심을 갖고 있는 것 같다.

프랑스어의 자부심을 지키는 기관은 아카데미 프랑세즈(Académie française)인데 1635년 루이 13세의 재상이던 리슐리외(Richelieu)가 설립했다. 이곳의 별명이 Les immortels(불사신)이라는데, 불사신보다는 오히려 등딱지에 이끼가 빽빽이 자란 나이 지긋한 거북이 고군분투하는 이미지가 연상된다. 이 기관이 만들어진 지 무려 300여 년이 지났다니 말이다.

내가 '고군분투한다'고 표현한 데는 다 이유가 있다. 아카데미 프랑세즈는 이미 일반인들이 빈번히 쓰고 있는(주로 영어다) 외래어를 '될 수 있으면 프랑스 말로 바꾸자'라며 어찌 보면 무모해 보일 수 있는 활동을 지속하고 있기 때문이다. 때때로 대중이 실소를 금치 못할 말로 바꾸더라도 이들은 전혀 지칠 줄 모르는 것 같다.

프랑스의 초등학교는 국어 학습에 수업 시간의 절반을 할애한다. 아이들은 수업 때 배운 문호의 산문과 시인의 운문, 본보기가 되는 시나 문장을 철저하게 암기해야 한다. 빅토르 위고(Victor-Marie Hugo), 프레베르(Jacques-Henri-Marie Prévert), 라퐁텐(Jean de La Fontaine) 등등…. 난해한 시일지라도 암송하면 틀림없이 배울 점이 있을 것이다.

언어는 토론만을 위한 도구가 아니다. 입으로 말을 하든 문자로 글을 쓰든 아름답게 사용되어야 한다. '생각을 올바른 국어로 정확하게 표현해내는' 것이야말로 교육이 지향해야 할 목적이다.

인간은 자신의 뜻을 올바르게 전할 말을 쓸 줄 알면 정직해진다. 아름다운 언어는 인생을 풍요롭게 한다.

최근에 프랑스에서 변화가 감지되고 있다. 다른 나라에 없는 프랑스의 전통적 국어 교육이 흔들리고 있다는 얘기가 종종 들린다. 이미 '프랑스의 미래는 어떻게 될 것인가'라며 염려하는 부모도 많다.

자녀 교육에 일가견이 있는 남프랑스에 사는 친구가 내게 한탄을 한 적이 있다. "국어 담당 선생님이 복사본을 나눠주고 아이들은 그걸 잘라서 자기 노트에 붙이고는 끝인 거야. 이건 정말, 믿을 수가 없어! 얼마 안 있으면 노트 같은 건 없어지고 태블릿으로 바뀔 테니 그 준비 기간이라 그렇다는 거지. 이건 단순히 선생님의 태만으로 끝낼 일이 아니야. 그래서 모두가 함께 나서서 이 사태를 어쩔 셈인지 담판을 지으러 가자고 의견을 모으고 있어."

프랑스에서는 중학생이 되면 처음으로 라틴어가 선택 과목에 포함된다. 라틴어는 일상에서 늘 쓰이는 언어이면서 이른바 사회 지도층 인사가 되려면 필요한 기초교양이기도 하다. 문법도 복잡해서 배우려면 높은 동기가 필요하다는데 이전과 다른 국어 교육을 받고 있는 프랑스 아이들이 과연 잘 견뎌낼 수 있을까?

반대로 일본의 국어 교육은 어떤가. 여러 가지 문제가 있을 테지만 내가 가장 걱정하는 것은 감동의 강제라고나 할까, 특정 방향으로 감정을 통일시키려는 경향이다. 독자 개개인은 문학 속의 다양한 등장인물에게 어떤 감정을 갖든 자유다. 그 생각이 ―미숙·가식·현학적·모방― 뭐든 간에 개인은 자유롭게 생각하고 변화하며 성숙해진다. 성숙이 발효가 아니라 부패라 해도 그 또한 개인의 책임이 아니겠는가. 특정 '정답'만을 인정하는 것, 다시 말해 '다른 사람과 다르면 안 돼', '다른 의견을 드러내지 마' 등 일본 사회에 만연한 동조 압력이라는 조그만 티끌이 벌써부터 아이들의 문학 작품에까지 퍼져 있는 것 같다.

문학 작품을 교재로 할 때, 느낌이나 감동 같은 정서적 부분을 중시하는 것은 이상하다. 그보다는 '이 문장은 무엇 때문에 쉽게 오해할 수 있다.'거나 '이런 표현은 뛰어나므로 잘 배워서 다양하게 활용할 수 있으면 좋다.'는 냉정하고 객관적인 이론 전개를 가르쳐야 한다.

국어 시간은 문학적 표현법, 은유, 간접적 표현도 배우는 장이다. 따라서 서구의 여러 나라들이 일찍부터 시행하고 있는 대화를 통한 해결책의 발견, 즉 롤 플레이로 하는 프레젠테이션 능력 훈련이 충실히 이루어지면 좋겠다. 일본어는 본질적으로 수용적 성격을 지닌 언어다. 비판적이 아니라는 뜻이다. 개성의 시대에는 비판 정신을 키우지 않으면 다른 나라와 어깨를 나란히 할 수 없다. 애매함은 결코 칭찬받은 적이 없다. 자신의 의견을 확실하고 능숙하게 표현하도록 하는 교육이 이루어져야 한다.

프랑스의 국어 교육은 우리와는 완전히 반대다. 프랑스의 초등학생들은 주저하거나 부끄러워하지 않고 자신의 의견을 말한다.

"주인공에게 전혀 공감할 수 없다.", "이 작품은 거짓말을 해서는 안 된다고 하지만 사실을 말하면 부모님께 혼난다. 도대체 어쩌라는 말인가", "문장은 감정적일 뿐 논리적이지 않다. 이러면 받아들이는 쪽의 기분에 따라 오해가 생길 테고 다툼을 피할 수 없게 된다." 등 상당히 비판적인 자세로 작품을 읽는다. 설령 그 책이 유명한 고전, 명작일지라도 이곳 아이들은 비판적으로 독서한다. 그렇기 때문에 더욱 '교사의 견해'도 선명해야 한다.

사람은 제각각 다른 존재다. 다른 감성을 지니고 다른 사고를 하기 때문에 인격도 다르며 이런 다른 사람들이 모여 사회가 구성된다. 사람은 다른 게 당연하다. 다양한 사고방식을 알고 대화하며 서로를 수용한다. 그 덕분에 마음도 성장한다. 각자의 재능과 능력은 평등하지 않다. 다르기 때문에 비로소 인간의 가치가 있고 생명의 존엄도 있지 않겠는가.

스마트폰 전성시대인 요즘에도 파리의 지하철이나 카페, 공원의 나무 그늘에서 두툼한 페이퍼북에 열중한 프랑스 사람들을 자주 볼 수 있다. 남녀노소 누구든지 스탕달(Stendhal), 볼테르(Voltaire), 라블

레(François Rabelais´) 등의 고전을 지겨워하기는커녕 좋아라 하며 읽고 있다.

프랑스 학생들은 입시 공부를 위해 도서관에 가는 게 아니라 좋아하는 책을 대출하러 도서관에 간다. 여기 사람들은 시간이라는 가장 파괴적인 도태 과정에서 살아남은 고전에 존경심을 느껴야 한다고 입을 모은다.

'조국이란 국어다'(프랑스로 망명한 루마니아 출신 철학자 에밀 시오랑(Emil Cioran)의《고백과 저주》에 나오는 말.)라는 말이 있다. 우리는 국가라는 영토에서만 사는 게 아니다. 우리말을 지배하는 의식 속에서도 산다. 경제가 정체되어도 국가는 망하지 않지만 국어 능력의 저하는 고스란히 사고 능력의 저하를 일으켜 국가의 위기나 같다. 최근 일본에서는 점점 '아주 어렸을 때부터 영어를 배우게 하자'는 목소리가 높아지고 있는데 나는 '아닙니다. 기다리세요.'라고 말해주고 싶다. 사람은 모국어를 통해 모든 사고의 기초를 만든다. 그러니 어렸을 때부터 아름다운 모국어를 제대로 가르쳐야 하지 않겠는가.

7
Sept

프랑스의 의학 교육

의학 교육 제도는 나라마다 다른데, 크게 세 가지 유형으로 나눌 수 있다.

1. 고교 졸업 후인 18~19세에 대학의 의학부에 입학해 5~7년간 의학 교육을 받는다. (프랑스, 일본, 독일, 네덜란드, 벨기에 등)
2. 4년제 대학을 졸업한 뒤 메디컬 스쿨에서 4년간 의학 교육을 받는다. (미국)
3. 1과 2의 혼합 (호주, 한국 등)

메디컬 스쿨은 근본이념이 '좋은 임상의를 만드는 것'이기 때문에 사회적 성숙도가 높은 4년제 대학 졸업생을 입학생으로 받는다.

또한 '반드시 좋은 의료를 구현하겠다!'라는 뜨거운 동기와 열정을 지녀 '좋은 의사'가 될 가능성이 높은 사람을 지성·인성이라는 두 개의 잣대로 선발한다. 메디컬 스쿨이 교육의 질을 보증하여, 학생은 기초의학과 임상의학을 처음부터 철저하게 배우고, 2년차에 의사국가시험 스텝1, 4년차에 스텝2를 완수하며 의사로서의 직업교육도 받는다.

메디컬 스쿨은 좋은 의사를 키울 수 있는 좋은 시스템인 것 같다. 문제는 일본을 포함해 각국이 이 제도로 이행할 태세를 갖출 수조차 없는 후진적 상태라는 점이다. 기득권이라든가 경비라든가 문제가 한두 가지가 아니다.

프랑스는 18세기 말부터 19세기 초까지가 이른바 전쟁의 시대였기 때문에 국민개병제도(의무 입대)를 실시했다. 그러자 엄청난 수의 군인이 투입된 확대전이 벌어지기 일쑤였고 당연한 말이지만 많은 수의 사상자도 끊임없이 발생했다. 당연히 이들을 돌볼 군의관도 많이 필요해졌다. 이에 따라 종래에는 이런저런 질병으로 고통받는 환자를 일대일로 진료했던 단독의학에서 집단으로 대응할 수 있는 의학─병원의학으로의 전환이 시급해졌다. 여기에 화학병기가 '개발'되는 등 전쟁은 근대 과학 기술을 더욱 '발전'시켰다. 그럴 줄 몰랐다는 듯 천진하게 악마의 영역으로 걸어 들어가는 인간의 어리석음을 어찌 다 표현하랴.

이러한 경위를 거쳐 의학은 문서·문헌을 교재로 했던 기초 의학에서 임상 중시 의학으로 전환되었다. 실용적인 의학 교육이 시작된 것이다. 외과와 내과의 통합이 진행되고 겉모습과 피부의 상태로 인체 내부가 어떤 상황인지 추측하는 이론도 발전했다.

물라주(moulage)라 하는(이탈리아 르네상스에서 시작되었다) 피부의 병변을 밀랍 세공으로 표현하는 기술이 프랑스에서 크게 발전했던 것도 그즈음이다. 3D 기술도 존재하지 않았던 시대에 물라주는 피부과 질환 등에서 의학 표본 역할을 훌륭히 수행했다.

19세기 후반에는 파리에 파스퇴르 연구소가 설립되었는데, 이는 대학과 의학교 외에 연구를 위한 장소가 새로 만들어졌으며 드디어 실험의학의 시대가 열렸음을 뜻한다. 이러한 물결은 여러 나라로 퍼져나갔다.

오늘날 프랑스의 의학 교육은 어떤가?

몇몇 가톨릭 의학교가 있긴 하지만 이른바 사립학교는 존재하지 않는다. 국민이 부담한 세금이 투입된 교육이므로, 학비도 (초년도 학비는 보험 포함 연간 300유로 정도) 무료에 가깝다.

이과계 바칼로레아 자격을 취득하면 이론상 누구든지 대학 의학부를 지망할 수 있다. 물론 성적에 따라 진학할 수 있는 대학의 범위가 한정되는 게 현실이지만, 어쨌든 유명 대학 의학부의 경우 초년도의 입학자 수는 1000명 이상이라 한다.

이들이 2년차가 되면, 앞서 말한 대규모 선발에서 200명 정도 남는다. 그 후에도 졸업까지 단계적으로 인원이 줄어든다. 유급은 동일 학년에서 한 번만 허용되므로 만약 두 번 유급한다면 대학에서 퇴출될 뿐만 아니라 의사로의 길도 끊긴다.

2년차부터 CHU라는 대학병원 안에서 수업을 받는다. 상당히 이른 시절부터 병원 분위기에 익숙해지는 셈이다. 6년차의 졸업이 다가오면 '콩쿠르'라 하는 선발 시험을 치르는데 지망자 중 상위 절반이 전문의가 되고 전문의를 지망하지 않는 사람과 지망자 중 하위가 제너럴리스트라는 일반의가 된다.—이때 제너럴은 '종합'이 아니라 '일반'이다. 제너럴리스트의 경우 순위는 성적 통과 순으로 결정되고 (다시 말하지만 희망해서 제너럴리스트가 되는 사람도 있다) 연평균 수입도 전문의의 13.3만 유로에 비해 8.2만 유로 정도다. 높은 수입을 얻는 전문의 랭킹은 방사선과, 마취과, 외과로 19만~17만 유로이고 피부과, 소아과, 정신과는 8.6만~8.2만 유로로, 상당한 차이가 있다. 희망하는 진료과의 전문의 합격 여부도 '콩쿠르'로 결정된다. 의사국가시험을 치는 것이 아니라 각각의 대학에서 합격을 결정하는 것이다.

전문의나 일반의가 되었으니 이제 의사 면허만 따면 끝일까? 아니다. 조금 더 남았다. 전문의는 약 4~6년, 일반의는 졸업 후에 3년이 더 필요하다. 드디어 마지막 단계에 도달하면 면허 취득을 위한 논문을 제출하고 구두 면접 심사를 받는다. 통과하면 '히포크라테스

선서'를 하고 드디어 앞길 창창한 의사가 되는 것이다. 프랑스는 통일된 커리큘럼으로 의료인을 양성한다. 또 후생성이 각 진료과의 정원을 해마다 조정한다.

프랑스의 전문의 제도에서는 전문의로 인정받지 못한 사람이 의료 행위를 하면 안 된다. 엄격하다고? 프랑스에서는 그것이 엄격한 게 아니라 당연한 일이다.

뒤집어 생각하면, 한 마을의 의사가 되어 지역의료에 공헌하고 싶은 사람은 일반의를 지망하면 되는 거다. 대학병원이라는 하얀 거탑 속에서 스트레스를 느끼며 고통받는 일 없이 인생을 명랑하게 보낼 수 있을 것이다. 이 역시 프랑스의 아름다움이다.

프랑스는 의학 교육(에 국한되지 않지만)을 국가가 관리한다. 의사의 남녀 구성비는 오래전부터 약 50%씩이다. 남성 의사보다 여성 의사를 주치의로 둔 환자가 사망률과 재입원율이 낮았다는 소식을 미국의 뉴스(JAMA International Medicine)에서 들었다. 여러분, 여의사를 주치의로 두시길.

오, 프랑스. 꽤 선견지명이 있었구나!

8
Huit

프랑스의 예술 교육

1958년, 제5공화국을 출범시킨 샤를 드골 대통령은 문화부를 만들고 문인 앙드레 말로를 장관으로 임명했다. 프랑스 사람들은 교육과 문화가 서로 다른 개념이기 때문에 교육부와 문화부도 당연히 별도로 만들어야 한다고 생각한다. 왜 그럴까? 말로의 말을 빌리자면─'죽은 교육'과 이에 대비되는 '살아 있는 문화'─고정관념에 묶여 버린 채 변화하지 않는 교육과 변화하고 다시 태어나는 문화 사이의 '차이' 때문이다. 나는 그의 이원론이 매우 프랑스적이라 생각한다.

바칼로레아 이후의 고등 교육 중에 유니버시테(Université)라 불리는 대학(경제학·사회학·문학·물리학·수학·의학 등을 전공한다)은 교육부가 관할하지만 미술계 그랑제콜로 명성이 자자한 보자르(Beaux Arts, 국립고등미술학교), 아르데코(Art Déco, 국립고등장식미술학교), 콩세르바투아르(Conservatoire, 파리국립고등음악 · 무용학교)와 영상 · 산업 디자인 · 공연 예술, 지방의 에콜 예술 분야는 문화부가 관할한다. 여기에 제시한 것 이외의 그랑제콜은 각 관청이 관리한다.

프랑스 국민은 예술을 권리로 인식한다. 1789년의 프랑스 대혁명 이전에는 예술이 왕족과 귀족 같은 특권 계급에게 봉헌하는 것이었다. 그러나 대혁명은 국민에게 '예술을 향유할 권리'를 주었다. 국민은 이를 지키기 위해 계속되는 희생도 불사했고 마침내 문화주권을 영구히 쟁취했다. 예술은 국민 속으로 굳건하게 자리잡아갔다.

프랑스의 문화 예산은 (미테랑 정권하에서 2배가 되어) 예산 총액의 1.0%이다. 프랑스는 풍족한 예산으로 미술 · 연극 · 영화 · 서커스 등 각 분야의 인재를 키울 많은 국립 학교와 연구 시설을 설립했고 국가 전략 차원으로 문화 · 예술의 보급과 계발에 매진하고 있다. 여기에 국민의 높은 관심과 이해는 세계 여러 나라 중에서도—유미주의적 국민성에서 유추하자면 당연한 것이기도 한데—톱클래스다.

프랑스의 초등학교와 중학교의 미술, 음악 수업에는 교과서가 존재하지 않는다. 아예 지도 지침조차 없는 듯하다. 커리큘럼도 교사의 재량에 맡긴다. 만일 음악 수업 때 합주를 한다면, 학교에 여러 종류의 악기가 상비되어 있지 않으므로 리코더 연주 같은 것을 한다. 그런 다음에는 레코드(CD)를 감상하거나 모두가 합창하는 정도다. 미술(그리기와 만들기) 시간 때는 학생들이 자유롭게 그림이나 공작물을 만들고 완성된 작품에 대해 교사가 코멘트한다.

프랑스는 예술의 나라가 아니었나? 설마 정말 이 정도로 하고 끝일까? 물론 아니다. 프랑스는 예술 활동을 학교에 맡기지 않는다. 정서 함양에 관련된 대부분의 교육은 지방자치체나 봉사 단체 등이 맡고 있다.—체육, 스포츠 활동도 이와 동일하다.

그런데 프랑스 학교에서도 작은 개혁이 조금씩 일어나고 있는 것같다. 최근에는 수업에 예술사를 도입하거나 예술 활동 강화 워크숍 등도 실시하고 있다고 들었다.

미술관에 가면 좋아하는 조각을 앞에 두고 앉아서 자기 나름의 디자인을 하고 있는 어린이들을 자주 볼 수 있다. 아동과 중고등학생은 학생증을 제시하면 미술관·박물관 같은 관람 시설을 모두 무료로 견학할 수 있다. 예술의 도시 파리뿐만이 아니라 프랑스 각지에는 인류가 창조하고 후세에게 물려준 미술품과 문물이 가득하다. 훌륭한 예술을 만끽할 수 있는 환경이 그저 부러울 따름이다.

브랜딩(branding)이란 '브랜드 육성', '브랜드 강화'처럼 어느 한 브랜드에 대한 소비자의 공감과 신뢰를 높이는 기업 전략을 말한다. 상품만이 아니라 상품의 공급자도 브랜드가 되기도 한다. 정리하자면 브랜드의 대상은 사람·건조물·사적지·명승지·이벤트·지역 등의 모든 것이다.

프랑스는 '국가를 대표하는 문화'—예술·건축·요리·와인·치즈·궁전(대저택) 등— 중에서 선택해 브랜딩하여 관광과 연계하는 사업을 강력히 추진하고 있다. 앞에서 말한 정의를 상기해보자. 프랑스는 국가 전체를 통째로 브랜딩하기 위해 맹렬히 움직이고 있다.

과학은 현실에서 벗어날 수 없지만 예술은 현실을 넘어 영원까지 꿈꿀 수 있다. 상식은 시행착오를 저지르기도 하지만 때로는 우리 몸속 신진대사처럼 필요한 것과 필요 없는 것을 구분·정리해서 새롭게 태어나게 하기도 한다. 우리가 당연시하는 과학—이 근대 과학의 발걸음은 기껏해야 100년이나 200년 정도 지속됐을 뿐이다. 그런데도 과학 편중과 과학 신봉은 어찌 이리 굳건할까.

물질주의는 정신이나 관념도 물질의 움직임으로 설명할 수 있다고 주장한다. 게다가 우리 인간은 그 안에서만 생활하게 되어 있다며 우쭐해한다. 그러나 과학은 인간이 인지할 수 있는 단편을 해석한 것에 불과하다. 비인지적 영역까지 포괄하는 전체를 아우르려면 미학을 깨달아야 한다. 그래야 가치를 따질 수 없는 것, 보편적인 것을 존중하고 발전시키는 미학을 실천할 수 있다.

9
Neuf

'철학하는 의미'를
철학적으로 고찰하다

미래를 위해 프랑스에서 배울 수 있는 교육에 관한 아이디어를 몇 가지 제안하고 싶다. 결론부터 말하자면— 우리 어린이들이 세계 속에서 긍지를 갖고 살아가는 데 도움이 될 첫 번째 제안은 '두 발로 굳세게 땅을 딛기'다. 장차 아름다운 꽃이 필 씨앗이더라도 씨가 자라날 땅이 건강하지 않으면 꽃이 필 수 있겠는가? 씨앗도, 바라보는 정원사도 불안할 것이다. 가장 먼저 반드시 부모가 자녀를 올바르게 키울 수 있는 장소—살아가기 위한 기반—로 인도하자. 그것은 바로 아이덴티티(identity)의 확립이다.

굳세게 땅을 딛는다? 나는 내 아이가 일본 문화의 계승자라는 사실을 깨닫게 하고 싶다. 아이가 두 발로 땅을 딛고 굳건히 서려면 부모와 교사가 우리 문화(역사·습관·규율 등)를 확실히 가르치지 않으면 안 된다. 단, 개인적으로는 규율과 습관처럼 훈육에 해당하는 데 교사가 관여하는 것은 사양하고 싶다.

진학에 필요한 공부나 현재 유행하는 영어 교육 같은 건 나중에 해도 된다. 만에 하나, 훈육까지 학교에 맡기려는 부모가 일반적이라면 장담컨대 문화 대국 같은 건 한낱 잠꼬대가 될 것이다.

프랑스 사람들에게 학문의 최고봉은 철학이다. 아니, 학문 이전에 인생에서 최우선 순위로 매겨지는 것이 철학이다. 인간에게 '살아가기 위한 생명력'을 불어넣어 주는 것도 철학이다. 철학이 있었기 때문에 프랑스 사람들은 세계 속에서 프랑스인다운 개성을 표현할 수 있었다. 철학이 없으면 프랑스의 교육도 없다. 과장 같겠지만 적어도 여기 사람들은 그렇게 생각하고 있는 것 같다.

그런데 프랑스 사람들은 정말로 철학을 알고 있는 걸까? 철학은 명사가 아니라 동사라고 한다. '철학하다'는 사물이나 관념의 본질을 자기 스스로 생각하는 것이고 그 시작은 자연 현상을 향한 의문이었다고 한다. '낮과 밤, 바람과 비는 대체 무엇인가'처럼 말이다. 자연 철학은 자연 현상을 합리적으로 설명하는 자연 과학으로의 길을 개척하는 한편, '신이란 무엇인가?', '사람은 왜 태어났는가?'처럼 해명할 수 없는 문제를 더욱 사색하는 형이상학의 문도 열었다.

인간은 무한의 수수께끼가 쏟아져 나오는 판도라의 상자 바로 옆에서 해명할 수 없는 수수께끼의 거미줄에 걸려 발버둥치고 있다. 나는 버둥거리면서도 생각을 멈출 수 없는 인간을 가련하게 여기면서도, 그렇게 할 수 있는 사람은 정말로 드물기 때문에 대단하다고 생각한다.

철학은 자기 혼자 하는 고립무원의 사유 행위다. 위키피디아를 복사해서 고스란히 붙여 넣는 그런 쉬운 일이 아니다. 그렇다고 철학 바칼로레아에서 답안지에 답을 적어 넣는 행위도 아니다. 나는 모범 답안이란 것을 보고 '그렇게 대단한 건 아니구나.'라고 생각했다. 평범한 젊은이가 동서고금의 현인·사상가의 견해를 복사와 붙여넣기로 이어 붙여놓고는 마치 현인인 듯 지식을 과시하고 있을 뿐이라고 말이다.

그러나 '철학하다'는 '철학하지 않는다'보다 훨씬 좋다. 위에서 '철학하다'는 사물이나 관념의 본질을 스스로 생각하는 것이라고 했다. 따라서 형이상학적 철학은 못 하더라도 스스로 생각하려는 태도만이라도 지니면 역사 분야와 문예 분야로까지 시야가 확대되어 철학 책뿐만 아니라 수많은 저서가 눈에 들어올 것이다. 선인들의 사고(思考)의 발자국을 더듬어 가면 인간의 다양성과 그 깊음을 고스란히 이해하고 느낄 수 있다. 철학은 희열도 있고 비애도 있는 인생 항로를 지속하는 양식이 된다. 철학은 신념과 신앙을 튼튼하게 떠받치며 인간에게 정신적 자유도 준다. 인간의 최강의 무기는 폭력이 아니라 철학이다.

아이들뿐 아니라 성인들도 철학과 친해지면 좋겠다. 폭력으로, 혹은 이 문제는 시험에 낼 테니까 이것대로만 하라는 식의 시험 출제로써 다른 사람을 복종시키려 한다면 그야말로 큰 착각이다. 한편 철학을 한다고 오만해져서도 안 되겠지만 못 한다고 비굴해져서도 안 된다. 철학할 때 무엇보다도 중요한 것은 다른 사람을 향한 배려다. 상대의 마음을 내 마음으로 여길 수 있어야 한다. 당연하지 않은가?

교육이 국민을 주형틀에 꽉 끼워 넣는 'must' 교육이어서는 안 된다. 만일 그렇게 되면 젊은이들은 자신이 무엇을 하고 싶은지 알 수 없게 되고 나아가 당연히 무기력해진다. '하고 싶은 것을 하기' 위해서는 지금까지 언제나 끼워온 주형틀일지라도 의심도 하고 다시 생각하는 버릇을 들여야 한다. 필요한 것은 유연한 사고 능력이다. 'will'을 추구하는 교육, 근원에서부터 사고하는 힘, 그것이 철학이다.

프랑스 리세의 철학 수업이 충분한 것은 아니다. 여기서 내용을 살짝 밝히자면, 그곳의 교육은 '철학이란 게 참 재미있구나.'라고 느끼게 할 정도의 입문 수준이다. 따라서 정말로 철학을 하고 싶은 사람이라면 대학에 가서도 그 생각을 멈추지 않을 것이다. 이러한 '철학 인간'을 환영하는 사회가 프랑스다.

좀 더 깊이 생각해 봤는데, 전통 예술에는 제일 먼저 형태부터 만들고 나중에 속을 채울 수 있도록 처음부터 주형틀이 필요할 것 같다. 형식을 확실히 깨달은 후에 내부에서 용솟음치는 재미를 알게 되니 말이다. 그러나 어쩐다? 그럴 수 없게 된 게 바로 현대다. 예전에는 생활 속에서 희망차고 끈질긴 생명력이 힘차게 솟아오르던 것이 지금은 원기를 잃어버린 초식 인간처럼 되어 버렸으니 말이다. 그런데 '철학'이라면 그 단단한 주형틀에서 조금씩 삐져나오는 조그마한 재미라도 되찾을 수 있다.

10
Dix

아름다움이
올바른 것만은 아니다?

프랑스 사람에게도 독특한 점이 꽤 있다. '혼외 출생아 수가 전체 출생아 수의 절반을 넘는다.'라는 말을 들었을 때 나는 '역시 자유연애의 나라답다'며 존경했었다. 그런데 태어날 때는 혼외 출생으로 분류될지라도 몇 년 정도 지나면 그렇지 않은 경우도 상당수 있단다. 아이가 태어났을 때는 동거 중이거나 자유로운 '팍스(PACS; 팍스는 원래 동성애 커플의 법적 지위를 인정하기 위해 1999년에 제도화된 것이다. 아이의 지위와 공적인 경제지원(세금 우대조치 등)에서, 결혼한 경우와 같은 권리를 향유할 수 있다.)'로 결합되어 있던 부모가 어느새 법률혼으로 갈아타는 일이 많기 때문이다. 자유연애나 동거를 기꺼이 받아들여서인지 모르겠으나 이른바 실험 결혼 중이더라도 법적 보호를 받을 수 있다는 건 복음이다. 이런 제도도 예전부터 현인의 머리를 괴롭게 했던 '정답이 없는 문제'에 나름 대응하기 위함이리라.

이런 프랑스 사람인데도 절대로 '용서할 수 없다'고 딱 잘라 말하는 것이 있다. '아름답지 않은 것은 용서할 수 없다!' 정답도 오답도 없는 우유부단한 프랑스인이지만 아름답지 않은 것에는 공개적으로 거부 반응을 드러낸다.

프랑스 사람들은 아름답지 않은 것을 보면 아주 대놓고 기분 나빠하는데다 장래성, 가능성, 문화성, 경제성까지 없다고 결론 내 버린다. 아무리 그래도 그렇지. 이쯤 되면 좀 난폭하지 않은가.

수학 답안에 대한 이야기를 기억해주면 좋겠다. 답이 틀렸더라도 답안용지에 기재한 것이 아름다우면 예술 점수 같은 것이 부여된다고 했다. 반대로 올바른 답을 적었어도 아름답지 않은 답안용지는 감점된다.

여기는 그런 나라다. 프랑스 사람에게 아름다움은 정의다. 사바나에서는 당당한 풍모를 뽐내는 고양잇과의 육식동물이 정의인 것처럼 말이다.

아름다움이 정의인 것은 시험의 답안에서만이 아니다. 상품 개발의 경우에도 그렇다. 아무리 기능성이 뛰어나고 내구성이 탁월해도 아름답지 않은 상품은 받아들이지 않는다. 기능성과 내구성에 조금 문제가 있더라도 장담컨대 프랑스인은 아름다운 쪽을 선택할 것이다. 예를 들면, 란제리를 고르는 모습만 봐도 잘 알 수 있다.

프랑스 제품을 사러 오는 외국 바이어는 제품의 아름다움도 당연히 살피겠지만, 반복 세탁했을 시 섬유의 올 풀림이 얼마나 생기는지 내구성을 따지거나, 레이스가 망가지지 않도록 봉제를 튼튼하게 했는지 등을 중요하게 볼 것이다.

프랑스인이라면 어떨까? 내구성과 튼튼함은 둘째, 셋째임이 틀림없다. 란제리인 만큼 디자인과 피부에 닿는 감촉이 첫째일 테니 말이다. 그러고 보니, 여기 사람들은 제품의 소재가 아무리 섬세하고 깨지기 쉬운(취급주의) 것일지라도 중요도의 순위는 변하지 않는 것 같다. 아름답지 않은 것, 섹시하지 않은 것은 아예 안중에 없는 것이다.

세계에서 으뜸가는 프랑스 요리도 마찬가지다. 맛도 훌륭해야 하지만 눈으로 봤을 때 아름답지 않으면 의미가 없다. 그릇에 오르는 요리만이 아니라 서빙되는 공간까지 포함한 종합적인 미가 평가된다.—미슐랭 평가의 감성을 참고하면 단박에 이해될 것이다.

따라서 프랑스인 손님에게 음식을 대접할 때는 맛이 훌륭한 요리보다는 한눈에 봤을 때 아름다운 요리를 가능하면 조용하고 우아한 개인실에서 대접하면 틀림없이 좋은 결과를 얻을 수 있을 것이다.

이런 이야기가 있다.

"아는 사람의 아들이 정말로 머리가 좋기로 소문났는데, 글쎄 바칼로레아에서 두 번이나 떨어졌대. 근데, 시험 답이 정답이긴 했다더라."

"역시, 답 쓴 게 아름답지 않아서 그랬대?"

"그게 말이야, 글씨가 너무 개성적이라서 아무도 읽을 수 없었대."

프랑스인의 '아름다움'은 예술적 개성에까지 적용되는 건 아니다. 누구나 아름답게 여기는 '보편적 아름다움'에 한정한다. 그런데 이럴 경우, 아름다움은 올바름까지 좌우하는 폭력이 되기도 하니 주의가 필요하다.

현대 일본은 어느 쪽일까. 아무래도 아름다움보다는 기능성과 내구성을 우선시하는 것 같다. 개별 상품의 성능은 다른 나라를 능가한다지만 어차피 기술은 국제적으로 표준화되고 있다. 그렇다면 어떻게 해야 경쟁 우위를 확보할 수 있을까?

한편 프랑스가 마치 유럽 문화의 정점처럼 여겨지게 된 근본적인 원인은 프랑스인이 누구나 지니고 있는 예술성 때문이 아닐까 싶다. 개개인이 자신의 개성을 표현하면서도 누구나 받아들일 수 있는 보편적 아름다움을 수렴하는 '딱 좋은 정도'가 현재의 결과물인 것 같다.

우리에게도 예부터 키워 온 창조성과 숙련된 고도의 장인 기술이 있다. 이것들을 다시 갈고 벼르면 미래를 향한 문이 활짝 열리고 오래도록 유지될 것이다.

11
Onze

실연도 다시 할 수 없는
인생의 일부

나중에 자세히 설명하겠지만, 프랑스 사람들은 연애에 관용적—이라기보다는 오히려 열중하는 국민이다.

이 사람들 인생의 근간에는 아무르(amour)가 있다. 아무르는 사랑이나 연애로 번역되는데, 연애와 그에 따르는 정사로 이해해야 한다.

쾌락이 가득한 인생을 '술과 장미의 나날(Le Jour du vin et des roses)'이라고도 한다. 술과 장미가 어째서 큰 기쁨을 상징할까. 다양한 기쁨 중에서도 가장 커다란 기쁨은 남녀가 아무르에 푹 빠지는 것 말고는 없을 텐데 말이다. 어렸을 때부터 프랑스인은 '아무르야말로 인생에서 가장 중요한 것'임을 반복적으로 교육받고 가슴에 새기며 성장한다.

프랑스에서는 중학생 정도 되면 피에르 드 마리보(Pierre Carlet de

Chamblain de Marivaux)의 《사랑과 우연의 유희(Le jeu de l'amour et du hasard)》라는 희곡을 읽는다. 향락과 쾌락을 그린 로맨틱 코미디인데 '사랑만이 아름답고 사랑 없는 인생은 모래알만큼의 의미도 없다'라 부르짖으며 아무르와 가스트로노미(미식)를 즐기는 것이야말로 인생이라고 정의하는 작품이다.

아무르는—집단혼(group marriage) 혹은 일부다처혼(polygamy) 같은 건 별개로 하고—어느 한때의 특정한 한 사람과 사랑을 즐기는 것이다.

그렇기 때문에 대부분은 실연으로 끝난다. 아무르에는 정답도 오답도 없다. 그 순간, 그리고 그 순간을 함께했던 그 사람과 단 한 번 경험할 수 있다. 모든 것이 다시없을 매우 소중한 인생의 보물이다. 그리고 시간이 흐르며 사랑은 점차 퇴색한다. 인생에서 오직 한 번의 '지금 이 순간'을 기억에 새겨야 아무르다.

그렇기 때문에 아름답다. 인간은 영원히 함께 있는 것에 가치를 두지 않는다. 생명의 속성처럼 죽어 사라지기에 타오른다.

아름다움의 본질은 필연적으로 사라질 운명인 한순간의 빛에 있다. 사랑의 정열은 여리고 사랑의 꿈은 무상하다. 사랑하는 두 사람이 '쌓기나무 무너뜨리기'를 하듯, 찰나의 어리석은 즐거움이다. 되돌아보면 회한만이 가득하지만 그렇기에 인생을 아름답게 빛내준다.

만년필 이야기—프랑스의 어린이는 노트 필기를 할 때 지우개를 쓰지 않는다―를 기억해주면 좋겠다. 프랑스 사람은 과거의 연애를 없던 것으로 하지 않는다. 단지 선을 긋고는 기억 속에 남긴다. 실연일지라도 아름다운 인생의 일부이므로 지우개를 써서 지우기에는 너무나 아까운 보물이기 때문이다.

파리에서 태어나 니스에서 사망한 영국인 서머싯 몸(William Somerset Maugham)의 장편 중에 《인간의 굴레》가 있다.

이 작품에는 인생 자체를 한 장의 양탄자를 완성하는 것에 비유하며 '평생 다종다양한 사건과 행위, 감정의 기복과 개념들을 재료로 해서 자기만의 무늬를 만들어가는 것'이라고 표현하는 유명한 구절이 나온다―페르시아 양탄자의 품격은 밝은 색깔만 써서는 나오지 않는다. 좀 어두운 색이 있어야 화려한 색이 도드라진다. 그 어두운 색깔조차도 빛의 각도를 살짝 틀면 아름답게 보일 때도 있다. 인생도 이와 같다. 어둡고 슬픈 인생 경험이 있기에 비로소 행복을 실감할 수 있다. 어둡고 슬픈 경험도 아름다운 인생의 일부다.

서머싯 몸과 같은 시기에 프랑스에 체류하던 독일의 시인 릴케(Rainer Maria Rilke)도 《젊은 시인에게 보내는 편지》에서 다음과 같이 기록했다.

'어떤 체험도 결코 무의미하게 끝나지 않으며 아무리 작은 사건도 운명인 것처럼 인생에 새겨집니다. 운명 자체, 한 가닥 한 가닥의

실이 끝도 없이 뜨개질되어 다른 한 가닥의 실 옆에 나란히 놓여 짜이고, 다른 수백 가닥의 실과 연결되며 확장되는 경이로움은 마치 끝없이 넓게 펼쳐진 직물을 보는 것 같습니다.'

서머싯 몸의 말이든 릴케의 말이든 모두 다 프랑스인의 '실패는 단 한 번뿐이며 다시 할 수 없는 아름다운 인생의 일부다'라는 정신세계와 일치한다.

제 2 장

성숙한 어른으로
키우는
학교와 가정의 논리

1
Une

프랑스의
초중등 교육 시스템

프랑스는 자유·평등·박애의 나라다. 대혁명 이후 이 나라의 기본 방침은 변하지 않았지만 어쩐 일인지 혁명에서 타도되었어야 할 '계급 사회'가 굳건히 남아 있다. 평등이란 '하느님 앞'에서의 평등이지만 그 사다리 역할은 학력 사회가 한다.

프랑스의 계급 사회는 학력에 의한 계층 사회로 이해하면 쉬울 것이다. 소수의 슈퍼엘리트가 국제무대에 서고 공중 혹은 민중으로 불리는 대부분의 국민을 견인하고 있다. 이 '계급 사회'의 정점에 있는 엘리트와 그 밖의 구역에 있는 사람들 사이에는 부와 명예와 권력에서 상당한 차이가 있다.

계급은 빈부와 출신·가문으로도 구분하지만 지금은 대개 학력에 따라 규정한다. 그 꼭대기는 Happy Few로 불리는 특권 계급인데

이들은 슈퍼엘리트 육성을 위한 프랑스의 국가 교육 시스템 속에서 배출된다.

근대 국가에서의 교육은 학교 제도와 불가분의 관계다. 대개 초등학교에서 대학까지를 학교로 보는데 대학이 창시된 것은 근대보다 훨씬 이전이며 지역적으로는 동서양을 구분하지 않는다.

일본에서는 이미 아스카 시대에 율령 제도를 기반으로 한 관료 양성 기관인 대학료(大学寮)를 세웠고 여기서 수학하는 사람은 학생으로 불렸다. 하지만 율령 제도는 오래지 않아 유명무실화됐고, 후지와라(藤原) 가문이 관직을 전횡하여 과거 제도를 통한 선발이 제 기능을 못하게 되자 대학료도 자취를 감췄다. 어느 시대이든 공정한 두뇌 경쟁이 없어지면 남는 것은 완력뿐이다. 다이라 가문(平氏: 12세기, 300년 동안 지속된 후지와라 가문의 권력 독점을 물리치고 정권을 잡은 가문-역주) 이후로 앞서 말한 패전에 이르기까지, 승자가 무력으로써 교대로 권력을 쥐는 방식이 줄기차게 이어졌다. 초등학교는 근대의 산물로, 1872년 학제발포(学制發布: 일본 최초의 근대적 학교 제도를 정한 교육 법령-역주) 이후에 만들어졌다.

프랑스에서 가장 오래된 대학은 파리대학이고, 유럽 전체로 보자면 이탈리아의 볼로냐 대학 다음으로 오래됐다. 파리대학은 12세기 후기에 설립되어 13세기 전기에는 로마 교황으로부터 대학으로 인정받았다. 초기의 학부는 '신에 의한 세계의 지배'인 신학, '왕에 의한 인간의 지배'인 법학, '인간을 지배하는 생명'인 의학, 그리고 이 것들을 고찰하는 학문― 즉, 철학을 탐구했다. 역사에 초등학교가 등장하려면 나폴레옹이 나타나는 19세기까지 기다려야 한다.

먼저 프랑스의 초중등 교육을 살펴보자. 의무 교육은 6세부터 16 세까지 10년간 이루어지고, 초등학교 입학 전인 3세부터 다니기 시작하는 보육학교가 있다. 3세들은 거의 보육학교에 입학하므로 어린이에게는 보육학교도 학교생활의 일부로 인식된다.

초등 교육에 속하는 초등학교는 에콜 프리메르(école primaire)이고 5년제다. 중등 교육은 전기와 후기로 나뉘는데, 전기에 해당하는 보통중학인 콜레주(collége)는 4년제, 후기에 해당하는 고등중학인 리세(lycée)는 3년제다. 리세에서는 진로가 좀 복잡해지는데, 보통과 리세와 실업과 직업 리세로 나뉜다. 그러니까 초중등 교육의 학년제가 543제다.

보통 사람들은 의무 교육 기간을 어떻게 구분하는지 궁금하다. 학생의 나이로? 아니면 해당 학년의 학습 완료 여부로? 왜냐하면 리세가 의무 교육인지 아닌지 살펴봐야 하기 때문이다. 63제에서든 54 제에서든, 전기 중등 교육 기간은 9년이다. 그럼 프랑스의 의무 교육 기간인 10년은 대체 어떻게 보아야 할까?

연령주의에서는 학업 내용을 습득했는지와 관계없이 연령이 되면 다 함께 진급한다. 그런데 프랑스에는 초등학교 때부터 유급만이 아니라 월반도 있고 (실제로) 퇴학도 있다.

앞서 말한 보통과 리세는 대학 진학 코스이고 실업과 직업 리세는 이른바 취업 코스다. 이 구분은 입학시험으로 나뉘는 게 아니라 콜레주의 후반기 2년간의 성적만으로 결정된다. 장난이나 치며 놀고만 있으면 콜레주의 교사는 '대학 진학을 고려하고 있다면 유급하는 게 낫다'라며 부모에게 유급을 권한다. 극단적으로 말하면 프랑스의 16세 중에는 대학생도 있는가 하면 초등학생도 있을 수 있다는 말이다.

직업 리세를 졸업하지 않고 직업자격(CAP 등)을 취득해서 취직한다 해도 최저 2년은 필요하다. 자신의 자녀가 유급을 하거나, 본인의 희망을 반영하지 않은 채 공권력이 자녀의 진로를 결정해도 국민이 그것을 순순히 받아들이는 이유는 바로 교육이 무상으로 이루어지기 때문이다. 보육학교에서부터 리세까지 공립학교라면 수업료 부담은 없다. 게다가 대부분의 대학은 국립이고 국립대학의 수업료도 그다지 비싸지 않다. 프랑스에서는 싱글맘이든 아이가 몇 명 있든 안심하고 자녀를 키울 수 있는 것이다. 트레비앙!(최고!)

프랑스에서는 혁명으로 태어난 국민 국가와 함께 초중등 교육이 탄생했다. 국민 국가의 군사력은 국민개병을 따르는 국민군이다. 국민개병이란 징병제를 말하는데 쉽게 말하면 국민을 전부 병사화하는 것이다. 국민 국가보다 앞선 체제는 루이 14세로 상징되는 절대 왕정 국가로, 국가의 무력은 국왕의 재력으로 고용된 병사에게 의존했다.

국민개병은 징병 덕분에 크게 확장됐지만 예상치 못한 문제가 발생했다. 국왕의 재력으로 고용된 용병이 프로페셔널이라면, 국민개병으로 징집된 군사는 아마추어에 불과했던 것이다. 군사 기술은 군대에 들어간 후 가르친다 해도 그 이전에 필요한 국민의식의 함양과 집단행동, 지도자의 명령 하나로 일사불란하게 행동할 수 있는 군대 행진 교육이(될 수 있으면 어렸을 때부터) 절실히 필요했다.

프랑스에 초등학교 교육 제도를 도입한 사람은 나폴레옹이다. 어린이들은 초등학교에서 프랑스 국민군의 병사가 될 '준비 교육'을 받았기 때문에 여성은 초등학교에 들어갈 수 없었고, 당시에는 이를 지극히 당연하게 여겼다.

현대에도 교육은 목적이 '양질의 병사'에서 '양호한 국민'을 양성하는 것으로 바뀌었을 뿐 그 본질은 변하지 않았다. 초등 교육은 미숙하고 분방한 어린이를 사회라는 프레임에 맞춰 넣기 위한 것이지 아이를 칭찬하거나 아이가 즐겁도록 하기 위한 것이 아니었다.

역사를 자의적으로 교육함으로써 주입한 국가의식은 병사를 강인하게 했다. 계몽전제군주로도 유명한 프로이센의 프리드리히 2세의 이러한 시도는 독일 제국의 성립으로 이어졌고, 서양 열강이 식민지를 쟁탈하는 시대가 되자 교육의 제국주의화도 점점 더 강력해졌다. 프랑스 교육 제도의 특징은 사회주의국가처럼 교육에 대한 국가 개입의 확대와 중앙권력제다.

에콜 프리메르(초등학교)는 6세부터 입학할 수 있고 5년 커리큘럼은 명확히 나뉘어 있다. 입학하면 맨 처음 준비과(CP)를 시작으로 초등과 1년(CE1) 초등과 2년(CE2), 중등과 1년(CM1), 중등과 2년(CM2)의 순서로 진행한다.

5년제의 에콜 프리메르를 마치면 다음은 4년의 콜레주(보통중학) 과정이다. 전반 2년(제6학년 · 제5학년)은 전원이 공통 커리큘럼을 수행하지만 후반 2년(제4학년 · 제3학년)은 진학 코스와 취업 준비 코스로 나뉘어 진행되는 게 보통이다.

프랑스는 콜레주 3년(14세) 때 대개 장래의 길을 정해야 한다. 이유는 앞에서 말했듯이, 상급 교육 기관인 리세(고등중학)가 나뉘어 있기 때문이다. 유럽에서는 장래를 결정하는 연령이 빨라서 독일만 해도 11세다.

리세(고등중학)는 3년 과정이다. 프랑스 국내 톱 레벨인 앙리 4세 학교와 루이 르 그랑 등의 명문 공립학교 외에 팟시산토노레, 프랑부르주아, 스타니스라스 등의 사립 명문교도 있으며 이 밖에 가톨릭계도 많다.

프랑스에서는 사립을 고집할 필요가 없다. 유명 공립학교에서 충분히 최고 수준의 교육을 받을 수 있기 때문이다. 진학을 하려면 일단 그 학교가 있는 구(區)에 살아야 한다.(절대조건이 아니라서 예외도 있다). 앙리 4세 학교와 루이 르 그랑은 둘 다 파리 중심인 라틴지구에 있다. 학교구는 지역에 따라 격차가 있어서 파리 교외의 이주민이 많이 사는 지역에 산다면 상당히 불리할 수 있다. 사립은 살고 있는 지역과 상관없고 종교 교육이 포함되어 있으며 교직원의 파업이 없다는 게 특징이다. BCBG(베세베제, Bon chic bon genre; 시크하고 엘레강스한 라이프스타일을 계승·유지하고 있는 프랑스 상류 계급-역주)라 불리는 프랑스의 상류 계급은 아이들을 명문 사립으로 보내길 선호한다.

콜레주 이후 학년을 세는 방식은 학년이 올라감에 따라 숫자가 작아지며, 리세의 최종 학년은 테르미날(terminal; 말단의, 끝의 라는 의미-역주)이라 불린다. 이런 것에서도 계급이랄까 신분이랄까, 마치 군인의 계급장을 나타내는 별이 몇 개인가를 따지듯 집요함이 느껴진다.

테르미날에서 대학 진학을 목표로 하는 아이들은 맹렬히 공부한다. 고교 졸업(중등 교육 종료) 인정 겸 대학(고등 교육) 입학자격시험인 국가시험 '바칼로레아'에 합격해야 하기 때문이다. 프랑스 대학은 거의 국립이고 바칼로레아를 통과하지 못하면 문전박대를 당한다. 게다가 몽숑(성적 평가)은 이력서에 기재도 할 수 있기 때문에 트레비앙(16/20 이상) 같은 고득점을 얻었을 경우, 그랑제콜로 진학하는

데 유리하고 일반 대학에서의 장학금이나 취업 시 보너스를 받을 수
도 있다.

바칼로레아는 1840년에 지식 암기에 편중되어 있던 형태에서 현
재의 모습으로 개혁되었다. 당시 문화부 장관 발표문에는 '사실만을
세세하게 주입하는 교육은 적절한 해설과 분석이 없는 재해석을 낳
는다. 따라서 지성을 소홀히 하고 암기를 우위에 두는 교육과는 거
리를 둬야 한다.'라고 했다. 그 후 프랑스의 교육 철학은 (시대에 따른
미세조정은 있더라도) 거의 흔들리지 않았다고 한다―정말?

2
Deux

프랑스의
고등 교육 시스템

리세까지가 중등 교육이고 앞서 말했던 바칼로레아를 거쳐 입학하는 대학 이후가 고등 교육이다. 교육에 관한 프랑스의 분위기는 이렇다. '대학에 가도 좋고, 갔다가 할 수 없이 그만둬도 좋다. 그렇지만 국가자격시험이니만큼 바칼로레아는 따 두자.'

바칼로레아는 유니베시테(대학; université)와 프레파(Prépa)라 불리는 그랑제콜 예비 클래스(CPGE; The classes préparatoires aux grandes écoles)로의 진학을 목표로 하는 일반 '바칼로레아' 말고도, 상급기술자양성 단기고등교육과정(STS)과 기술단기대학(IUT)을 위한 '기술바칼로레아'와 취업을 위한 '직업바칼로레아'로 나뉜다. 분포를 살펴보자면 일반이 50%가 좀 넘고 기술이 25%, 나머지가 직업이다. 또한 일반 바칼로레아 합격자의 절반이 상급학교로 진학하는 것에 비해 기술바칼로레아에서는 4분의 3, 직업바칼로레아에서는 4분의 1 정도가 상급으로 진학한다.

이렇게 되는 원인은 집안의 경제 상황 때문이 아니라 진학해도 (학습의 어려움 때문에) 졸업을 하지 못하기 때문이다. 그래도 고등 교육 과정으로 진학하는 사람이 꾸준히 증가해서, 전국의 총 학생 수는 230만 명으로 전체 대비 약 40%나 되지만 이들의 졸업률은 30%에 미치지 못한다.

바칼로레아에 합격해서 진학하는 유니베시테(대학)의 생활에서 국가의 교육 보호 통제는 당근과 채찍으로 나뉜다. 당근은 입학생에 대한 우대 조치로, 의료비 면제, 혼자 살 경우에는 주거비 보조 등 각종 학생 복리후생 할인 특전이다.

채찍은 엄격하다. 어지간히 공부해서는 졸업도 못할 정도다. 바칼로레아는 개별 대학의 입학시험이 아니기 때문에 치르면 명목상 어느 대학이든 입학할 수 있다. 당연히 명문교와 유명한 학교, 인기 있는 학부에 희망자가 쇄도한다. 학사 과정은 3년인데 2년차에 진급 가능 여부가 첫 운명의 갈림길이 된다. 명문인 파리대학과 인기 학부인 의학부·법학부의 경우 진급할 수 있는 학생은 10명에 1명 정도로 줄어든다. 한 번의 유급은 봐주지만 두 번째부터는 예외가 없어서, 이렇게 된 학생은 전학하거나 학부를 바꾸거나 퇴학하거나 하는 잔혹한 선택을 해야 한다.

대학 2년차가 되었다고 안심해서는 안 된다. 문과 계열이든 이과 계열이든 자신의 커리어를 살려서 취직하려면 석사까지 하는 게 상식이 된 요즘은 5년 동안 숨쉴 틈 없이 공부해야 한다. 거듭되는 시험에 산더미 같은 보고서 제출, 학년 말에는 엄격한 진급시험이 날카로운 이빨을 드러내고 으르렁거리는 사자처럼 떡하니 기다리고 있기 때문이다. 그러나 말은 이렇게 해도, 이므르의 니리리는 사실 또한 거짓이 아니다. 마치 배부른 식사를 하고도 디저트 먹을 배는 따로 있다는 말처럼, 연애가 비집고 들어갈 틈이 전혀 없지는 않은 것 같다. 어쨌든 졸업률 30% 미만이란 30%가 졸업할 수 있다는 말이 아니다. 대학과 학부에 따라서는 입학한 동기 중 학위를 따서 졸업할 수 있는 사람이 20%가 될까 말까 하는 경우도 흔하다는 뜻이다.

프랑스 학생들의 시련은 대학 졸업으로 끝이 아니다. 현재 프랑스의 완전실업률은 10%, 젊은 층에 이르면 25%라고 한다. 리먼 쇼크 이래 세계 경제 하락과 동유럽과 중동에서의 전쟁 및 혼란으로 EU에 먹구름이 끼었기 때문이다. 그래서 학력 사회인 프랑스가 크게 흔들리는 상황이 되자 유니베시테(대학)만으로는 경쟁력 있는 학력으로서 인정받지 못하게 되었다.

앞서 밝혔듯이, 프랑스 사회에서는 고등 교육이 고등보통교육만으로는 불충분해서 고등전문교육까지 진학해 석사를 취득하지 않으면 제대로 된 커리어로 인정하지 않는 경향이 강해지고 있다. 유구한 역사를 자랑하는 유럽 대학은 인간을 자유롭게 하는 기술과 예술인 교양과목(artes liberals)을 습득한 인재가 전문 분야(신학·법학·의학)로 진출해 더 깊은 학문 연구를 하는 상아탑이었다.

그러나 현대 사회의 고도화와 복잡화 때문에 '교양과목을 이수한 사람만이 진학할 수 있던 고등전문교육'을 학사 과정만으로 끝낼 수 없게 되었다. 다시 말해 옛날의 전문 분야(신학·법학·의학)만으로는 현대 사회에 대응할 수 없게 되자 다양한 분야가 파생되었고 더 이상 옛 교양과목을 습득하는 데 집착할 이유가 사라진 것이다. 그래서 리세에서는 라틴어가 필수에서 선택으로 바뀌었다. 프랑스에서는 대학과는 별도로 만들어진 학교 제도를 (다른 나라와 달리 독자적으로) 마치 건물을 증개축하듯 추가했는데 그것이 바로 그랑제콜(Grandes Écoles)이다.

그랑제콜의 역사는 1747년 루이 15세가 설립한 국립토목학교까지 거슬러 올라간다. 많은 명문 그랑제콜이 18세기에 만들어졌는데, 절대왕정에서 시민 혁명을 거쳐 필연적으로 도래한 산업 국가를 담당할 이공계 기술전문직을 국가적으로 양성해야 했기 때문이다.

물론 아까도 말했듯이 이전에도 대학은 있었지만 교양과목에 발목이 잡혀 있었기 때문에, 나름 전문 영역이던 신학·법학·의학은 '신이란 무엇인가', '정의란 무엇인가', '생명이란 무엇인가'라는 문제에 매몰되어 있었을 뿐 전혀 실용적이지 않았다. 현실의 기술적

과제를 해결할 실제 학문이 전혀 아니었던 것이다.

서양에서 '박사'를 〈Ph.D〉로 축약해 표기하는 까닭은 대학이 수여하는 학위가 모두 Doctor of Philosophy(철학박사)였던 데에서 기인한다. 그랑제콜은 학위와 학문이 아닌 직업 전문 지식을 습득시키기 위한 학교로 출발했다. 전쟁 전까지의 그랑제콜은(대학보다 하위에 있다) 고등전문학교였던 것이다.

그랬던 그랑제콜이 하극상을 일으켰다. 대학보다 상위에 위치하는 슈퍼엘리트 양성학교가 된 것은 1945년 국립행정학원(ENA)의 창립부터다. 연간 100명 정도의 ENA입학생은 고위직 관료가 되는 고등공무직의 자격을 가지며 정관계의 임원직을 이곳 출신이 독점하는 일이 계속 일어났다. 나아가 이런 현상은 전반적으로 그랑제콜의 지위를 급속히 높였고, 졸업자는 널리 취직도 잘 되는 통에 기존 대학의 지위를 상대적으로 낮추는 결과를 낳았다. 프랑스의 역대 대통령들도 거의 ENA출신이다. ENA는 고등 교육에서는 제3과정이라고 불리는 이른바 박사후기과정이므로, 대학 또는 그랑제콜 제2과정(석사) 수료 후의 선발시험도 겸한다.

그랑제콜에 들어가려면, 바칼로레아 뒤에 프레파라 불리는 예비클래스(CPGE)에서 2년간 입시 공부에 매진해야 한다. CPGE는 대학의 교양학부도 겸하는데 여기서도 진급하려면 엄격한 시험 전형을 거쳐야 한다. 그랑제콜로 가기 위한 선발시험은 콩쿠르라고 하는

데, 콩쿠르의 결과로 지망하는 학교의 합격 여부가 결정되기 때문에 공부하기 어려운 학교라면 합격률은 겨우 몇 %이다. 그 이외의 이공계는 절반 정도의 합격률을 차지하지만 어쨌든 쉽지 않다. 수험생들은 태양이 비추는 시간에는 공부해야 하기 때문에 건물 밖으로 나갈 수 없어서 '두더지'에 비유될 만큼 공부에 찌든 나날을 어쩔 수 없이 보내게 된다.

명문교에 국립고등이공과학원(에콜 폴리테크니크: 통칭 X)과 HEC 경영대학원 등도 있다. MBA라면 사립도 있고, 공립인 경우 학비는 평균 8천 유로 정도 든다. 이공계는 대부분이 공립이라 학비가 천 유로 정도다. 또한 폴리테크니크 · 고등사범학교 · 국립행정학원의 학생은 준공무원으로 대우하므로 월급도 받는다.

국립행정학원인 ENA에 진학률이 높기로 유명한 파리의 정치학원(시앙스포)에서 유학하던 지인이 나에게 해 준 이야기가 있다. 수업에 예제로 나온 문제인데 직원 다섯 명의 담당 직무 · 업적 · 가족 구성 · 성격 · 교우 상황 등이 설정되어 있고 그 아래에 문제가 길게 제시되어 있었단다. 제시문은 경영 부진에서 벗어나 회사를 재건하려 할 때 어떤 사원부터 해고해야 좋을지, 그리고 어떤 설득 방법을 쓰면 좋을지 논하라는 것이었다. 수업은 롤플레잉으로 하는 토론으로 이루어졌다고 한다. 지금은 스무 살이지만 미래에 있을 수 있는 상황을 가정한 문제였던 것이다. 그런데 이런 수업은 관리 테크닉을 배우기 위한 걸까, 아니면 인생무상과 비정해지는 기술을 익히기 위한 걸까?

프랑스에서는 이런 특권적 커리어 제도가 관청만이 아니라 기업에도 도입되고 있다. 다행히 지금까지는 태어났을 때부터라고 단정할 수 없지만 어쨌거나 좋든 싫든 교육 과정을 통해 계층이 결정되고, 이는 사회에 진출했을 때의 활동 범위가 이른 시기부터 정해지는 것과 같다.

닛산의 전 CEO 카를로스 곤은 그랑제콜 중에서도 그 어렵다는 '에콜 폴리테크니크'와 '파리국립고등광업학교'라는 두 학교를 졸업했다. 최초의 타이어 기업인 미슐랭에 들어가 입사 3년차였던 27세에 공장장, 31세에 브라질 미슐랭 사장, 35세에 북미 자회사의 사장이 되었다. 그가 마치 음악의 박자처럼 딱딱 들어맞는 출세가도를 달릴 수 있었던 것은 그랑제콜 출신이기 때문이다.

마크롱 대통령은 앙리 4세 학교를 졸업한 후 파리 제10대학에서 학위를 취득했고 그 뒤 파리정치학원과 ENA(국립행정학원)를 졸업해 30세에 로스차일드 가문이 좌지우지하는 투자은행에 들어갔다. 2년차에는 부사장으로 승진해 연봉이 자그마치 2백만 유로였다고 한다. 34세에는 대통령 부속 사무총장이 되어 올랑드 프랑스 대통령의 측근이 되었고, 36세에 제2차 마뉘엘 발스 내각의 경제·산업·디지털 장관으로 취임했다가 곧 사임했다. 그 후 대통령 선거를 준비했고 39세에 프랑스 역사상 가장 젊은 대통령이 되었다.

이 두 가지는 극단적인 예이지만, 이곳 사람들은 대기업의 과장 이상의 관리직이나 공직자로서의 출세를 원한다면 그랑제콜은 필수 조건이라고들 한다.

그랑제콜 출신들은 잠자는 시간도 먹는 시간도 아까워하며 우마차의 말처럼 열심히 일하는 것처럼 보인다. 예비 클래스 시절부터 익힌 두더지 습성 때문일까, 맹렬하게 공부하고 기를 쓰고 일하는 것이 일상화되어 있다. 아마 장담하건대 그들에게는 슈퍼엘리트로서의 긍지도 있으리라. 그들 덕분에 프랑스는 노동 시간이 적은 주 35시간 노동국가인데도 경제 대국을 유지하는 거라는 풍문도 아주 거짓말은 아닌 것 같다.

한편 높은 학력을 추구했으나 중간에 좌절·포기할 수밖에 없는 사람이 많은 것도 이미 널리 알려진 사실이다. '성공의 그늘에는 좌절이 있는 법이다'라고 말하면 간단히 설명이 되긴 하겠으나 탈락된 압도적 다수—성공한 사람과 다를 것 하나 없는 이 사람들은 앞으로 어찌 될까? 시험이라 해도 기억력과 분석력에서 아주 근소한 차이일 테니 말이다. 이런 능력을 갖고는 더 이상 AI를 당해낼 수 없다는 사실이 선명해진 오늘날, 산더미 같은 탈락자들을 우승과 패배라는 이분법으로 정리해 버려도 정말 괜찮을까.

인간만이 할 수 있는 일들이 얼마든지 있다. 예술 창조, 세상에서 유일하고 숙련된 솜씨, 다른 사람을 위로하는 것…. 프랑스의 교육은 일본보다 자유롭고 아이들의 개성을 키워준다지만 엄밀히 말하면 국가가 제시한 범위 내에서의 차이일 뿐이다.

부모로서 '내 아이는 어떤 개성을 지니고 있는가', '이 아이는 무엇을 하고 싶어 하는가'를 안다는 것, 그것이 정말로 어렵다.

우리는 이렇게 말하곤 한다. 프랑스의 아이들은 철학을 한다고. 이 말은 절대로 거짓이 아니며 틀린 말도 아니다. OX식 또는 객관식 문제를 푸는 우리 아이들과 달리, 프랑스의 아이들은 수학과 지리, 역사에서도 논술식 답을 내놓아야 한다. 그러니 사고력이 생기고 자신만의 독자적인 답이 만들어질 것이다. 이렇게 하도록 하는 이유는 단지 하나의 정답이 아니라 많은 정답이 있는 풍요로운 인생을 아이들의 미래에 주려는 의도임이 틀림없다. ─이것 역시 잘못되지 않았다.

하지만 이것만이 아니다. 정답이 하나만 존재하는 건 당연히 아니지만 무엇을 말해도 다 허용되는 것도 아니다. 다시 말해 바칼로레아의 철학 문제에 자신의 주관을 논술하면 OK라는 뜻이 아니다. 글쓰기에는 형식이 있다. 고금의 사상에서 채택한 예증(例證)을 인용하고 자기의 주장을 전개해야 한다. 이는 철학이라기보다는 문헌학이고 민중을 상대로 한 설득을 겨루는 웅변술에 가깝다.

그렇더라도 좋다. 오른쪽인지 왼쪽인지 결정을 재촉한다거나 분위기 같은 걸로 사고방식과 생각을 하나로 수렴되게 하려는 것보다

단연코 좋다. 논술을 통해 자신의 생각에 자신감이 생기고 용기가 용솟음친다. 올바르다고 생각하는 것을 주장하는 용기, 단기필마로 천 리를 달리는 그 용기는 훌륭하다.

사랑의 고백에도 온 마음과 온 표현을 다해야 한다. 그래야 한마디 한마디가 사랑하는 사람의 마음에 새겨지고 잔잔히 퍼져나가지 않겠는가. 그것만큼 감격적인 일은 없으리라. 그렇게 프랑스 아이들은 아무르를 위해 철학을 하고 있는 것이다.

3
Trois

그랑제콜의 진실

그랑제콜에 대해 조금 더 부연 설명하겠다.

그랑제콜에 진학한 사람을 세간에서는 슈퍼엘리트라고 부른다. 무엇보다 이들은 고등 교육 진학자 중 5%밖에 안 된다. 그런데도 고등 교육에 배정된 국가 예산의 약 3분의 1이라는 거금이 그랑제콜에 투입되고 있으니 국가가 얼마나 큰 기대를 슈퍼엘리트에 거는지 충분히 엿볼 수 있다.

그런데… 정말로 그렇게 생각해도 될까?

불쑥 끼어들어 찬물을 끼얹는 것 같지만, 프랑스의 고등 교육 과정 진학률은 거의 40%라고 한다. 프랑스에서 그랑제콜에 진학한 사람을 '슈퍼'라며 칭찬하기에는 다소 무리가 있다 느껴질 만큼 많은 수라고 생각한다.

고등 교육을 위해 국가 예산의 3분의 1을 투입한다는 말은 또 어떤가?

프랑스의 그랑제콜 학교 수는 200여 개이고 역사적으로 대다수가 이공계 상급기술직 양성을 위해서 존재한다. 실험 설비와 연구 장치 그리고 이런 장치들을 운영·보수할 인원들은 충분히 마련되어 있고 나아가 교사 한 명당 학생 수까지 매우 적다. 이와 비교해서 오랜 전통을 자랑하는 문과계 유니베시테(대학)는 대강의실에서 이루어지는 유명교수의 강의와 도서관의 장서로 충분히 커버된다.

아무래도 그랑제콜이 특별한 대우를 받는 것은 뭇사람들처럼 바칼로레아라는 자격검정으로 일반대학에 입학하는 게 아니라 치열한 시험 경쟁을 이겨내고 입학하는 유일한 학교(제도)라는 희소성 때문이 아닐까 싶다.

이것은 절대평가와 상대평가의 차이에서 기인한다. 입학시험이 절대평가일 경우 능력만 있으면 합격할 수 있지만 상대평가라면 좀 달라진다. 능력이 있더라도 떨어지는 사람이 생기기 때문이다. 합격하려면 그야말로 행운의 여신의 미소가 필요한 것이다. 일찍이 프랑스는 절대평가 입시였고, 지금 프랑스는 상대평가의 가치를 과도하게 크게 보고 있다. 프랑스가 이런 변화를 보이는 이유는 교육 제도만이 아닌 프랑스 사회의 이원성 때문이다.

미래는 어떻게 될지 잘은 모르지만, 프랑스의 교육 혹은 학력사회의 현실은 그랑제콜을 중심축으로 해서 움직인다 해도 과언이 아니다.

그랑제콜의 출신자는 전문 분야별로, 정치·경제, 공학 등 국가의 전문기관에 우선적으로 취직한다. 프랑스 관료계를 둘러보면 정치가와 고급관료치고 그랑제콜 출신이 아닌 사람이 없다. 아니다! 하나 있다! 르 펜 당수를 거느린 극우 정당, 국민전선뿐이다. 그렇기 때문에 나는 이 나라가 어떤 미래를 그려나갈지 조금은 불안한 것도 사실이다.

프랑스에서는 국회의원 자리에 연예인이나 스포츠 선수가 앉는 건 절대 있을 수 없다. 아무리 세상에서 인기가 있더라도 말이다. 국정을 움직이는 제왕학을 배운 자가 아니라면 정치를 운운해서는 안 된다는 말인가. 프랑스의 엘리트 학생은 스폰서의 안색을 살피며 보도하는 TV나 검증되지 않은 정보를 계속 내보내는 인터넷 등의 미디어를 신용하지 않는다. 신용하지 않기 때문에 신경 쓰지 않는다. 우왕좌왕하지 않는 것이다.

프랑스에서 어떤 사람이 정치인이 될 만한 자격을 갖고 있는지 보려면, 엘리트 학교를 졸업해서 자신의 전문분야를 갖고 또한 그 내부에서 선발되어 젊었을 때부터 국가적 요직에 임명되는 지극히 선택받은 사람인가를 추적해보면 된다. 그런 다음에야 국정이라는 실제 무대에 등장하는 게 가능하다.

일본에서는 정치에 대해 자세히 알지는 못하더라도, 아니 모르는 편이 더 좋은데 (인기까지 있다면) 누구라도 국회의원 정도는 될 수 있다. 우리가 아무리 정치가가 이렇다 저렇다 해도 국가는 돌아간다.

유럽의 사회 구조는 봉건적이다. 신분제와 계급 제도의 속박을 벗고 신천지를 경험한 사람들은 자유의 천지인 신세계를 향해 아메리카 드림을 지향했다. 아메리카에 의해 국가가 개항된 근대 일본은 어쩐 일인지 유럽 문명의 제도를 모방했지만 제2차 세계대전의 패배로 모든 것이 먼지로 돌아갔고 지금은 경제 성장도 좌절된 채 구심적 가치를 잃어버려 표류하는 지경에 이르렀다.

프랑스의 젊은 학생들에게 역사적 영웅은 샤를 드골이다. 그는 하급 귀족 계급 출신으로 육군사관학교를 졸업했다. 제1차 세계 대전에서는 베르됭 전투에서 용감한 중대장으로 항전하다 포로로 잡히기도 했다. 그가 육군대학교를 거쳐 대령으로 있을 때 벌어진 제2차 세계 대전 때 가장 젊은 장군으로 용감하게 싸웠지만 국가는 나치에 항복하고 말았다. 드골은 런던으로 이동해서 자유프랑스 망명 정권에서 저항을 이어나갔고 프랑스를 승전국으로 이끌었다. 종전 후, 수상으로 활동한 다음 은퇴했는데 알제리 위기 사태 때 복귀를 요청받아 또다시 국난 중에 나라를 구했다. 프랑스 공화국 대통령으로 10년간 권력의 자리에 있으며 핵 보유를 결정해 국방전략을 확립했고 외교적으로는 독자노선을 걸어 아메리카의 애를 태웠다. 그는 프랑스의 자립과 영광을 지속적으로 추구했던 것이다. 나라가 필요로 할 때 떨쳐 일어났고 그렇지 않게 되었을 때는 무대에서 조용히 사라졌다. 그리고 그는 역사와 문학에도 정통한 교양인이기도 했다.

그 위대한 영웅은 이렇게 말했다. '위대한 것은 위대한 인간이 없으면 결코 달성되지 않는다. 그리고 인간은 위대해지려고 결의를 다져야 비로소 위대해진다.'

국제성인역량조사(PIAAC, 2013)에서 일본은 독해력과 수학적 사고력에서 24개 국 중 1위였고 OECD의 국제학업성취도 평가(PISA)에서도 상위권인데 무엇이 문제인가? 돌출된 게 없고 파격이 없다는 점이다. 기본적인 능력은 견고하니 창조력이라든가 독창성의 에센스를 몇 방울 떨어뜨리기만 하면 될 것 같은데 그게 그리 간단한 일인가. 경험을 통한 감각이 부족하고 몸에 붙은 센슈얼리티가 부족해 아쉽다. 그러나 프랑스 사람은 이해력이 부족하다고 오해받기 쉬운데 감각과 감성은 리얼하게 풍부하다.

현대는 미디어의 발달과 정보의 과다로 오히려 사고가 패턴화되어 조그마한 힘에도 흔들리기 쉽다. 현실에서 한 발 떨어져서 객관적으로 바라보고 숙고하며 한편으로는 비판적 사고도 잊지 말고 행동으로 옮기는 힘을 익혔으면 좋겠다.

4
Quatre

바칼로레아의 철학과
'철학의 허망'

바칼로레아의 막을 여는 첫 시험 과목은 언제나 철학이다. 문과 계열, 이과 계열, 경제·사회 계열 각각 3개의 주제 중에서 하나를 선택해 답을 적는 논술 형식으로, 시험 시간은 네 시간이고 필기도구는 지울 수 없는 펜을 사용한다.

2016년 시험 문제를 소개한다.

〈문과 계열〉

1. 도덕적 신념은 경험에 기반을 두는가?

2. 원래 욕망에는 제한이 없는가?

3. 아래에 있는 한나 아렌트의 《진실과 정치》(1964) 발췌 부분을 설명하시오.(발췌문 생략)

〈이과 계열〉

1. 노동의 감소로 보다 잘 살 수 있을까?

2. 알기 위한 논증은 필요한가?

3. 아래에 있는 마키아벨리의 《군주론》(1532) 발췌 부분을 설명하시오.(발췌문 생략)

〈경제·사회 계열〉

1. 사람은 항상 자신의 욕망을 알까?
2. 왜 인간은 역사 학습에 흥미를 갖는가?
3. 아래에 있는 데카르트의 《철학원리》(1644) 발췌 부분을 설명하시오.(발췌문 생략)

모범 답안을 쓰는 방법을 리세이 철학 교사에게 문의한 적이 있다. 제일 먼저 제시된 글을 섬세하고 정확하게 독해하는 게 중요하다. 묻고 있는 의미를 지레짐작하거나 오해했다간 아무리 장문을 적더라도 0점이다. 답안은 명제와 대립명제 몇 가지를 제시하며 사고의 경로를 알기 쉽게 표현하는 게 좋다. 분석법과 논증에는 이미 정해져 있는 방법론을 써야 하고 참고가 되는 철학자의 저서 등을 가능하면 인용해서 입론하는 게 바람직하다, 라는 설명을 들었다.

이런 것들을 두루두루 고려하면서 이제 겨우 18세 정도의 젊은 이가 백지에 답안을 채워나가는 것이다. 철학으로 16점 이상(20점 만점)이라는 고득점을 얻는 건 지극히 어렵다고 한다. 무엇보다도, 프랑스 사람들은 이런 미궁에 던져져도 끝내 살아 돌아오는 야생적이고 강한 신경을 갖고 있기 때문에 어떤 상황에서도 입씨름만큼은 쩔쩔매지 않는다.

여기서 프랑스 사람이라면 누구나 알고 있는 작은 에피소드 하나를 소개하겠다. 예전에 출제된 철학의 문제와 모범 답안의 예다. 문제 '리스크란 무엇인가?'에 모범 답안 '리스크란 이 시험이다!'라 적혀 있었고 이 한 구절만으로 16점을 받았다는 이야기—아무도 웃지 않는 이야기지만 수험생의 고통은 충분히 담겨 있지 않나 싶었다.

대학에서 철학을 배운 친구에게 물었는데, 친구는 '이런 건 철학이 아니다'라고 딱 잘라 말했다. 고작 대학의 교양과목에서 배우는 철학개론 급 저서나 명작의 일부를 요약하라는 것은 독서 감상문대회 정도라며 말이다. 철학은 이성, 지성, 합리성 등을 기반으로 해답을 제시하지 않으면 안 된다. 다른 사람의 사상을 채용해 자신의 논거로 삼고 자기주장을 하는 건 '정치'이지 '철학'이라고는 할 수 없다는 것이다.

그런 것인가! 바칼로레아 수준은 본인의 철학이 아니었던 것이다. 분위기가 다소 냉랭한 대화 테이블에서 상대를 말로 이기기 위한 변론술이라 하는 편이 솔직히 사실에 가깝다.

프랑스의 철학자 장 자크 루소는《사회계약론》중에서 '일반의지(Volonté générale)'라는 개념을 제시했다. '정치'가 나타난 이후 민주제에 도달할 때까지 거의 모든 세상은 군주제였다. 시민혁명의 이념이던 '시민의 의지' 현실화를 목전에 두고 있던 때 그는 '시민의 의지'란 과연 무엇을 의미하는지 깊이 고민했다.

시민의 의지란 개인의지(특수의지)도 다수의지(전체의지)도 아니다. 이것들은 각각, 개인의 사익이면서 사익을 모은 것에 불과하다. 시민의 의지는 공공의 복리를 지지하는 개인의 의지이며 동시에 모두의 의지다. 그리고 이것이 바로 일반의지다. 시민사회는 모든 사람이 개인의 의지를 미련 없이 버리고 일반의지로 똘똘 뭉쳐야 성립한다.

일반의지에 도달하려면 폭력이 아니라 자유로운 토론을 통한 이지(理知)의 빛을 따라야 한다. 그러나 루소는 선거와 다수결로는 일반의지를 모을 수 없고 또한 사회의 구성원은 일반의지에 복종해야 한다고도 했다.

정말 엄청난 사상이다. 덕분에 우리는 의지가 언제나 정의가 아닐 수 있고 정의가 무수하게 존재하는 것을 알게 되었다. 일반의지는 자코뱅파 공포정치의 무기도 되었고 히틀러가 세상에 등장한 사상적 배경도 되었다. 루소의 극단적인 문명 혐오, 원시 회귀 사상에 감화된 폴 포트는 캄보디아에서 독재정치와 대학살을 자행했다. 20세기를 풍미했던 사회주의는 이성으로 욕망을 컨트롤하려 해서 파탄 났다. 이처럼 철학은 양날의 칼이다.

프랑스인이라면 이런 것쯤은 이미 알고 있는지도 모른다. 이는 철학을 배우는 일종의 성과로, 여기 사람은 정부와 미디어가 말하는 것을 그대로 받아들이지만은 않는다. 이것이 '독으로 독을 제압한다.'는 효용이라면 프랑스인들의 지혜는 결코 어설프지 않다.

앞서 말한 철학 문제에 등장했던 한나 아렌트를 잠시 소개하겠다. 지금으로부터 반세기 정도 전, 아이히만 재판의 방청 기록이 세상을 떠들썩하게 했다. 칼 아돌프 아이히만은 나치가 저질렀던 '유대인 문제의 최종 해결' 행위를 하느라 수백만 명을 강제수용소로 이송 지휘했다. 아렌트는 아이히만과 같은 해에 독일에서 태어나 유대인 박해를 피해 아메리카로 망명했던 철학사상가다.

그녀가 봤던 아이히만은 악의 화신이 아니었다. 깊이 사고하는 능력이 결여된 인간일 뿐인데다 상사가 말하는 대로 움직이던 말단 벼슬아치에 불과했다. 아렌트는 자신이 받았던 당시의 충격을 '악의 평범성'이라 표현했는데 이 말은 표층에 만연한 악에 의해 누구든지 그 손발이 되어 악을 수행할 수 있다는 공포를 설명한 것이다. '그는 인간이 인간다운 유일한 본질, 즉 '사고(思考)'를 완전히 잃어버렸고 그 결과 도덕적 판단이 정지하게 되었다. 사고불능이야말로 많은 평범한 사람들이 이때까지 한 번도 본 적 없는 악마적 행위를 하게 한 원인이었던 것이다.─사고력은 지식이 아니라, 선과 악, 미와 추를 판별하는 능력이다. 사고야말로 아무리 긴박한 상황이더라도 파멸적 참사를 막는 힘을 인간에게 부여한다.' 《예루살렘의 아이히만》

이 글을 발표한 이후 그녀에게 유대인임에도 나치를 옹호하는 것인가라는 많은 비난이 집중됐지만 아렌트는 용기와 자신감을 갖고 대응했다. 세상에 아부하지 않고 강한 의지로 깊이 사고했다. 그녀 스스로 인간의 존엄이 무엇인지 명확하게 드러낸 것이다.

이것이 바로 철학의 강점이다.

5
Cinq

노트 필기를 하지 않는
철학 수업

앞에서 말했듯이, 리세(고등중학)의 최종학년이 되면 바칼로레아를 위한 철학 필수 수업이 시작된다. 철학은 문과 전용도 이과 전용도 아니며 바칼로레아에서 맨 처음에 보는 시험 과목이기도 하다. 어렸을 때 집에서 역할 분담을 하며 길러진 생각과 한창 반항기 때 소화가 덜 된 어휘를 써 가며 부모님께 어쭙잖은 의견을 내놨던 경험이 합쳐지고 여기에 철학의 기술도 습득되면 프랑스 사람들이 가장 잘하는, 따지기 좋아하는 수다쟁이가 만들어지는 것이다.

그렇더라도 공부하는 게 하지 않는 것보다 낫다. 머리를 써서 생각하는 게 그저 멍하니 있는 것보다 좋은 건 당연하다. 철학 'philosophy'는 그리스어 'philosophia'에서 온 것으로 어원은 'sophia(소피아:지혜)'를 'philein(필레인:사랑하다)'하는 것이라고 한다.

지혜를 사랑하는 것은 정말 중요하다. 지혜는 깊이 생각해도 어쩔 방법이 생각나지 않는 것을 더 깊이 생각하고 답이 있을 리가 만무한 것을 억지로 대답해야 하는 중에 갑자기 용솟음치는 그런 것이다.

'우리는 어디에서 와서 어디로 가는가?', '사랑은 어째서 끝나는 가?', '아름다움이란 대체 어디에서 느끼는 것인가?', '왜 신의 이름 으로 전쟁이 일어나는가?', '죽음에 대항하는 게 의미 있을까?' 등등.

알 수 없는 것을 아무리 생각해도 알 수 없다는 것에는 변함이 없 다. 심심풀이로는 최고지만 어디에 유용한지조차 딱히 잘 모르겠다. 그러고 보니 학교(school)란 말은 라틴어 schola(스콜라)에서 온 것으 로 그 어원은 고대 그리스어인 schole(스콜레)에서 유래한다고 들었 다. 스콜레는 '짬, 한가한 상태'란 뜻이니 그야말로 무료함을 달래기 위한 장소 = 학교가 됐다는 말인가. 그럴싸하다.

자, 지금은 프랑스 학교의 철학 수업 시간이다. 어린이야말로, 아 니 어린이이기 때문에 머릿속에서 빙글빙글 돌고 있던 여러 질문들 이 있다. 그 답을 철학을 통해 이끌어내자는 것이다. 사춘기의 아이 들이 만나는 철학은 그들의 인생을 크게 좌우하므로 프랑스 사람들 에게 철학은 모든 학문 중에서 최고봉에 위치할 수밖에 없다.

철학 수업 중에 노트 필기를 허락하지 않는 교사가 많다. 다른 과 목과 달리 철학은 암기나 수식에 의해 이해할 수 있는 게 아니기 때 문이다. 이른바 뇌로 씹어 먹어야 피가 되고 살이 되기 때문이다. 제시문이 있고 이어서 '어떻게 생각하는가?'란 질문에 정답은 없다. '어떻게 살아가야 하는가?'를 생각하는 과정이 중요할 뿐이다.

철학은 노트에 적어서 생각을 고정시키는 게 아니라 머릿속에 잔존시키는 것이다. 적어두지 않으면 잊어버릴 것 같은 철학은 인격에 스며들지 못한 한낱 지식 나부랭이일 뿐이다. 그건 '철학하다'가 아닌 것이다.

인생관을 확 바꿔버릴 만한, 아니면 뇌의 네트워크가 재편될 만한 힘이 있는 말이나 경구를 만나면 어떨 것 같은지? 정말 멋진 일이 펼쳐질 것 같지 않은가?

철학하기 위한 자신만의 꽃밭을 갖자. 꽃밭을 풍요롭게 하는 비료는 옛 선현의 책을 읽는 것이며 고전문학을 섭렵하는 것이다. 철학적 소양에는 문학적 교양이 필수다. 여기에는 문과 계열도 이과 계열도 존재하지 않는다. 인간은 언어를 통해 사고하므로 사용하는 언어의 깊이가 사고의 깊이로 직결되는 건 두말할 필요 없이 당연하다.

이러한 경험을 완수함으로써 리세를 졸업한 프랑스인이라면 (대학의 철학과에서 공부하지 않아도) 베르그송(Henri Bergson)이나 하이데거(Martin Heidegger) 정도는 보통으로 통달한다.

철학 교육은 일상생활에 어떻게 들어와 있을까?

나는 프랑스 사람들이 신문이나 TV, 인터넷을 통해 접한 정보를 그대로 받아들이지 않는 모습을 지적하고 싶다. TV와 신문 등의 미디어가 스폰서(광고주로, 정치에서는 정부 여당)의 입장에서 정보를 취사선택하고는 마치 공정하고 중립적으로 제공하는 척하고 있음을 프랑스 사람이라면 초등학생도 다 아는 상식이다. 매스컴은 영리기업인 것이다. 인간 스스로 정보를 선별하지 않고 통째로 삼켜버리면 정보의 식중독에 걸리고 만다.

예전에 신형 인플루엔자가 유행했던 때의 일이다. 18세까지의 아동청소년은 백신을 우선적으로 맞을 수가 있었기 때문에 학교에서 보호자에게 접종할지 말지를 묻는 안내문을 보내왔다. 그랬더니 우리 아이가 다니고 있던 리세에서 학생들이 외국의 인터넷에 들어가 보거나 혹은 이쪽 분야를 잘 아는 전문가에게 물어보거나 해서 정보를 모았고 결과적으로 반에서 절반 이상이 접종을 거부하는 사태가 일어난 적이 있다.

아이들은 학교가 하라는 대로, 부모가 하라는 대로 하는 것을 당연하게 여기지 않고 자기 스스로 생각했던 것이다. 미성숙한 때라서 오히려 본인이 스스로를 책임진다는 자신감과 강인함이 충만했던 게 아닐까 싶다. 이렇게 프랑스의 젊은이들은 스스로 납득하고 스스로 번민하며 때로는 친구들과 사상 논의도 교환하면서 '성숙한 어른 문화'의 차기 담당자가 되어가고 있다.

지금은 시청자가 일방적으로 받아들이는 그런 시대가 아니다. 자신에 관련된 일은 스스로 생각하는 시대다. 자신에게 가치 있는 정보를 스스로 수집하고 잘 씹어서 소화하는 능력이 필요한 시대다. 즉, 미디어 리터러시(media literacy)의 시대다.

거리가 가득 찰 만큼 지식과 정보의 홍수 속에서 살아가는 현대인은 옥석을 어떻게 가려야 할까? 몽테뉴의 교육철학까지는 아니더라도 정말로 유익한 지식을 선별해서 학습하고 나아가 재구성해 인간성을 깊게 하려는 노력을 게을리 해서는 안 될 것이다.

6
Six

학교에는 청소당번도
급식당번도 없다

프랑스의 아이들은 유치원에 다닐 나이가 되면 생활력을 배운다고 표현해도 될 만큼 가정 내에서 어떤 역할이든 맡는다. 그런데 아이들이 다니는 유치원이나 초등학교에서는 어떨까?

프랑스의 학교에는 청소를 해주는 청소원과 식사를 제공해주는 서비스 직원이 있고 그들의 영역을 침범해서는 안 된다고 한다. 군대 생활의 영향이 남아 있어서 그런가 (하급병사는 잡무에 휘둘리지만) 아니면 관료적이어서 그런가, 이도저도 아니라면 관공서처럼 업무의 계층 분화가 철저해서 그런가? 어쨌든 프랑스에서는 (고용을 지키는 의미에서도) 다른 사람이 할 일을 뺏어서는 안 된다.

프랑스에서 학교는 학생이 공부를 하는 장소이지 가정생활이 원만하게 돌아가도록 돕는 보조기관이 아니다. 교사는 공부를 가르치는 게 제 할일이고 아이의 생활습관은 가정의 할일이고 책임이라며 확실히 구분한다. 훌륭한 '역할 분담'이 아닐 수 없다.

가정에서 역할 의식을 확실히 키운 프랑스 아이들에게 "급식당 번이라니, 정말 큰 실례야. 됐어, 사양할래"인 것이다. "그런 일을 해야 할 시간이 있으면 국어나 수학 같은 지식을 가르쳐 달라! 도서관에 가게 해 달라!"라며 부르짖지 않을까 싶다.

프랑스에서는 교사와 학생이 교실에서 함께 점심을 먹지 않는다. 식당에서 급식을 받는 경우라면 어른은 어른끼리 아이들은 아이들끼리 모여 식사한다.

프랑스의 급식비는 모든 아이들이 다 똑같지 않다. 공립학교의 경우, 세대수입에 따라 4~8단계 정도로 가격차가 난다. 급식으로는 너무나 호화로운 풀코스가 제공된다. 오르되부르(hors-d'œuvre)에서부터 수프 · 메인디시 · 치즈 · 디저트까지를 서비스 직원이 얌전하게 서빙한다. 프랑스가 아니고는 경험해 볼 수 없는, 어린 시절부터 시작하는 가스트로노미(Gastronomy; 미식)교육이라 할 수 있다.

학교로 도시락을 들고 오는 일도 역시 프랑스엔 없다. 식당에서 먹든 아니면 집에 돌아가서 먹는다. 일을 하는 엄마 입장에서 도시락을 싸는 건 정말 큰일이 아닐 수 없는데 이 부분은 정말 다행이다. 만약 도시락을 싸야 한다면 '가뜩이나 바빠 죽겠는데 어째서 애정도시락 같은 게 유행하는 거야!'라고 한탄을 하며 싸지 않겠는가.

프랑스에는 원래부터 학교 행사가 적다. 믿지 못하겠지만 부모의 수업 참관도 없다. 입학식도 졸업식도 없다. 보호자가 참여하는 계절 행사도 없다. 프랑스인에게 왜 없는지 물으니 "왜 그런 게 있어야 하는데요?"라며 되묻는다. 동아리 활동, 이것도 프랑스에는 없다. 대신 스포츠 활동을 하고 싶으면 공공 스포츠클럽에 가서 하고 음악 교육을 받고 싶으면 과외 수업인 콩세르바투아르(conservatoire: 일종의 음악학교-역주)에 가면 된다.

얼핏 보면 학교 행사가 적은 프랑스 학교생활은 건조해 보일지도 모르겠다. 덧붙여, 보호자들끼리도 거의 얼굴을 마주하지 않기 때문에 소위 복잡하고 까다로운 엄마 모임 때문에 가슴아파할 일도 없다. 나는 이런 쿨한 스쿨 라이프가 프랑스의 어른 사회에 존재하는 '긴장과 이완을 확실히 분류하는' 습관이 투영된 것이라고 생각한다.

7
Sept

어렸을 때부터 주어지는
가정 내 역할

아이들은 엄마와 아빠를 보며 자라며 어른에 대한 동경을 키운다. 빨리 어른이 되고 싶어서 어른의 흉내를 내기도 한다.

어른들도 아이들이 언제까지나 어린이 상태로 있는 걸 그리 좋아하지 않는다. 빨리 어른이 되어 어른의 분별을 갖게 돼야 개인의 확립과 자유를 위해 좋기 때문이다.

이 부분에서 어른과 아이의 이해는 일치한다. 아빠와 엄마는 아이에게 가정의 일을 돕는―가정에서의 역할을 부여한다. 이 역할은 아이가 유치원에 다니기 시작할 무렵부터 시작된다.

프랑스의 아이들에게 가정에서 맡은 역할은 어른 사회로 발을 내딛는 첫걸음과 같다. 아이들에게 부여된 역할은 (당연한 말이지만) 가정마다 다르다. 엄마로부터, 아빠로부터, 할아버지나 할머니로부터 주어진 역할은 아이의 성별에 따라서도 다를 것이다. 아이가 해야 하는 역할이 단지 일손을 돕는 심부름이 아니어야 한다는 점이 특이하다. 가정을 위한 권리와 의무의 일환이고, (일종의 계약에 의해 행하므로) 계약이 무엇인가를 배우는 경험이어야 한다. 그래서인지 프랑스에서는 아이가 집안일을 돕다가 실수를 했다면 (어느 정도의) 책임을 묻는다.

부엌에서 식사를 한 후 뒤처리인 설거지를 아이가 돕는다고 치자. 아이에게 주어진 역할은 엄마가 다 씻은 그릇의 물기를 말끔하게 닦는 것이다.

쨍그랑! 이런, 그만 실수로 떨어뜨린 그릇이 산산이 깨지고 말았다. 아이는 깜짝 놀라 얼굴이 새파래졌다.

보통 이럴 것이다.—깜짝 놀란 엄마는 "괜찮아?" 하며 달려와 아이가 다친 곳은 없는지 확인한다. 상처가 없으면 안심하며 "이제 됐어. 나머지는 엄마가 할게. 저쪽에 가서 놀고 있어"라고 말한다.

프랑스에서도 당연히 아이에게 상처가 있는지 어떤지 확인한다. 그런데 그다음부터가 다르다.

엄마는 아이에게 "어쩌다가 접시를 떨어뜨린 거야?"라고 묻는다. 설령 아이가 울어도 질문은 계속된다. "다른 것에 정신이 팔려 있었어요.", "접시가 무거웠어요.", "세제가 남아 있어서 그런지 미끄러웠어요." 등등. 이유는 여러 가지가 있겠지만 아이는 뭔가를 대답해야 한다. 이유를 들은 엄마는 어떻게 하면 같은 실수를 반복하지 않을지 다시 묻는다. 이렇게 엄마와 아이는 대화를 통해 다시는 실수하지 않을 방법을 찾아나간다. 즉, 엄마는 아이가 실수를 반복하지 않을 적당한 역할을 찾아 부여하는 방법을, 아이는 다시는 실수하지 않도록 일하는 방법을 배우는 것이다.

내 생각에는 아이에게 심부름을 시키는 우리 엄마들이 더 선진적인 것 같다. 왜 이런 생각을 했는가 하면, 자녀수가 적은 게 당연해진 요즘은 아이가 어렸을 때는 금이야 옥이야 귀하게 대하다가 좀 크고나면 대학시험 하나에만 집중시키기 위해 그 밖의 모든 일은 엄마가 하고 아이에게 일절 시키지 않는 상황이다. 이런 모습은 엄마가 노예 노동을 하고 있는 건가 아니면 아이가 공부 감옥에 감금된 건가? 비참하다는 표현 말고 달리 할 말이 없다.

이쯤 되면 '부모 된 자가 진정으로 해야 할 역할'을 아버지로서 또는 어머니로서 어떻게 해야 할지 스스로 돌아봐야 하지 않을까. 아이를 키우는 것은 책상 위의 교육론도 심리학도 아니다. 부모가 삶을 의연하게 살아가는가, 그렇다면 그게 어느 정도인가. 아이는 부모의 뒷모습(=삶의 모습)을 보며 자란다.

프랑스의 육아맘들 사이에서 '신이여 부처님이여 돌토여'라며 무한한 신뢰를 받고 있는 프랑수아즈 돌토(Francoise Dolto)라는 정신분석의가 있다. 돌토는 '6세가 된 아이라면 자신에 관련된 일은 아이 자신이 하게 하라'라고 말한다. 부모가 먼저 나서서 아이를 돌보기만 하면 아이는 자립할 타이밍을 놓치고 결국 모자 둘 다 예비 의존증 후군에서 허우적댄다고 말이다.

청소ㆍ세탁ㆍ요리 등의 가사를 스스로 하는 건 사람이 사람답게 살기 위한, 그리고 건강과 문화를 유지하기 위한 생활 속 최소한의 노동이다. 양치질과 목욕, 이발처럼 습관적인 일과다.

살아가는 힘, 이것을 생활력이라고 바꿔 말해도 좋다. 어느 정도 나이가 되어 스스로 그런 일을 할 수 있게 되면 스스로 해야 한다. 한 집의 주부가 집안일을 하는 데 대부분의 시간을 썼던 옛날과 지금은 환경이 다르지 않은가. 잘하지 못해도 엄마나 아내―여성이 전담해서 할 일도 아니다. 가정은 누가 더 여자다운가를 겨루는 공간이 결코 아니기 때문이다.

그래서일까. 프랑스의 남성은 일반적인 집안일은 별일 아니라는 듯 척척 한다. 그렇기 때문에, 집안일을 해줄 사람이 필요해서라거나 집에 돌아오면 따뜻한 식탁이 기다리고 있으면 좋겠다는 소소한(?) 일로 연인(이나 아내)의 필요성을 주장하지도 않는다. 프랑스 엄마의 '미 퍼스트'가 내린 천금 같은 하사품이다. 프랑스 엄마여, 영원하라!

프랑스의 엄마는 아이가 실수를 해도 봐주지 않는다. 실수를 없던 것으로도 하지 않는다.

실수를 교육적 기회로 활용한다. 아마 그런 경험은 아이가 성장한 미래에 '주어진 일에 책임을 다하는' 태도의 초석이 되리라.

어린아이도 처음에는 실수도 했던 '가정에서의 역할'을 어느덧 제대로 해내게 되면서 자신도 사회의 일원으로 '참가'한 기쁨을 알게 될 것이고 책임감도 생길 것이다.

프랑스의 엄마는 아이의 교육에도 지우개를 쓰지 않는 것이었다. 굿 잡!

8
Huit

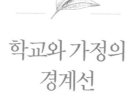

학교와 가정의
경계선

앞에서 말했듯이, 프랑스에서의 대학 설립은 12세기까지 거슬러 올라가지만 초·중등학교는 시민혁명 후인 19세기에서야 마련되었다. 대학은 신학·법학·의학을 배우며 신과 인간이 무엇인가를 고민하고 연구하는 곳으로 만들어졌다. 한편, 초·중등학교는 국민이 좋은 병사가 될 수 있도록 기초교육을 실시하기 위해 만들어졌다.

프랑스의 학교는 공부를 하기 위한 장소다. 과외 활동, 학교 행사, 보호자 모임이나 수업 참관 등은 공식적으로 존재하지 않는다. 교사의 역할은 아이들의 학습 지도뿐이다. 여기서 말하는 학습이란 초등학교라면 읽기, 쓰기, 셈하기이고 중등학교에서는 바칼로레아 취득을 위한 지식 육성이다.

프랑스 학교에서는 아동을 대상으로 한 생활지도는 일절 하지 않는다. 유치원 교육 지침조차 학습지도를 사명으로 삼고 있다. 아이가 화장실에 가는 걸 돌본다거나 점심 식사를 돌보는 일은 절대 없다. 그런 일은 그런 일을 맡은 사람이 하면 된다. 물론 교실 청소나 시설 관리도 교사의 직무가 아니다.

나는 이런 모습을 경직된 관료제의 흔적이라 여겼었다. 그런데 어느 날 그것만이 이유가 아닐지도 모른다는 생각이 들었다. '좋은 병사가 되라' 이전에 어떤 이유가 존재할지 모른다는 생각이 든 것이다.

시민혁명이란 제3신분이던 시민이 제1신분(신부 등의 성직자)과 제2신분(귀족)이 갖고 있던 권력을 빼앗은 것이다. 여기서 말하는 권력이란 세속권력일 뿐 성직 고유의 종교 권력이 아니다. 한편 종교 권력에는 성직 수여권만 있는 게 아니다. 사람들의 생활 속 시시비비와 선악 판단도 종교 권력이 한다. 그런 것에 세속 권력은 참견하지 않는다. 마찬가지로 종교도 세속에는 일절 관여하지 않는다. 그런 콩코르타(정교조약)가 성립된 것이다. 이로써 시민혁명이 완성되었다.

세속 권력인 학교는 개인의 선악에 관해 지도하지 않는다. 해서는 안 되는 것이다. 도덕은 마음의 문제이고 가정교육과 개인 예절도 도덕의 연장선에 있다.

학교와 가정이 확연하게 구별되어 있다.—이것이 프랑스 역사의 결과이고 성과인 것이다.

프랑스 부모는 아이가 열 살이 될 때까지 학교에 데려다줘야 하는 의무를 진다. 교문 밖은 부모가 완전히 책임을 지는 공간이다. 부모는 아이에게 생활 윤리를 가르치고 교사는 학습 분야에서-아주 세세한 부분까지-지도한다.

학교와 가정 사이에는 명확한 경계선이 있다. 아이의 성장에 관한 역할 분담이라 표현해도 좋을 것이다. 이렇게 나뉜 역사적 경위를 다시 기억해보자. 얼마나 철저히 유지되고 있는 이념인가!

나는 이곳 초등학교에서 오랫동안 지속됐던 '숙제 폐지 논쟁(프랑스 최대의 보호자 단체가 2012년 3월에 2주간의 '숙제 보이콧'을 시행했다. 숙제는 아이에게 고통일 뿐으로 효과가 적고 게다가 이민자의 아이는 부모에게 공부를 봐달라고 할 수도 없는 상황 등, 가정에서의 교육 격차를 확대한다는 것이 숙제 보이콧의 주장이었다.)'을 통해 그 이념을 알았다. 프랑스의 초등학교는 숙제가 될 수 있는 것을 내주지 않게 되어 있다. 하지만 학력 향상을 원하는 교사에게 그런 일은 있을 수 없는 일이었고 여기서 대논쟁이 시작된 것이다.

아니, 어떻게 숙제를 내고 안 내고가 국가적인 큰 문제가 될 수 있단 말인가? 처음에 나는 프랑스인의 사고력을 의심했다. 그런데 듣고 보니 200년 정도 된, 국가 의무 교육 제도의 대의명분과 관련된 문제였던 것이다.

즉, 공사의 엄격한 구별-공의 학교는 지식 육성을 담당하고 도덕과 생활 예절 등 덕(목)육성은 가정과 교회가 담당하는 것이다. 그러므로 학교의 숙제가 가정의 고유 시간을 침범하는 것은 공에 의한 사적 자유의 침해이고, 지식 교육은 교사라는 전문가가 해야 교육의 질을 기대할 수 있듯, 가정도 가정만이 할 수 있는 덕(목)육성을 위해 시간적 여유가 보장돼야 한다는 것이다. 흠, 역시(힣!) 논리의 나라답다.

부모가 학교까지 데려다주는 의무에서 풀려나는 중학교 정도 되면 부모가 학교를 방문할 일이 극단적으로 적어진다. 연간으로 따져보면, 학급 설명회, 자선 바자회 행사(축제), 교사와의 개별 면담 및 학급 여행이 있을 경우 그에 관련한 설명회 그 정도다. 개학식도 종업식도 운영회도 학교 문화제도 없다. 그런 것들을 위한 준비도 없으므로 학교는 오로지 공부를 위한 장소다.

그래도 만일 학부모회가 열린다면 통상 평일 오후 6시 이후에 열려서 대다수가 맞벌이인 부모에게 부담되지 않도록 운영된다. 직장에서 퇴근하는 엄마만이 아니라 아빠나 조부모, 나이 차이가 많이 나는 형이나 누나 등 참가자는 다양하다고 한다.

학교가 '주요 5과목'에 편중된 학업만 하면 음악 · 미술 · 스포츠는 어떻게 할까?

스포츠는 지자체에 등록된 스포츠클럽에서 한다. 마음만 정해지면 아이의 나이와 기량에 따라 입회할 수 있다. 음악은 콩세르바투아르라고 하는 전국적 음악학교 시스템을 이용한다. 악기 연주로는 피아노와 바이올린이 압도적이다. 콩세르바투아르에 이름을 올린다는 것은 그만한 자격을 갖추고 있음을 증명하는 것이므로—기량 획득과 그렇게 되기까지의 인내력도 평가되기 때문에—장래를 위한 이력서에 좋은 기록으로 활용된다. 이 밖에 댄스 · 승마 · 테니스 등 다양한 교육이 학교 바깥에서 실시된다. 또한 연기를 좋아하는 국어교사가 시간 외의 자원봉사로 연극부를 지도하기도 한다.

프랑스에는 학원이나 그런 비슷한 것은 없는 것 같고 필요하면 가정교사(=개인교수)를 찾는다.

프랑스에는 동아리 활동도 없고 진학도 내신 서류 한 통이면 되므로 교사와 학생, 학부모가 왈가왈부할 필요도 없다. 교사는 정신적으로도 여유가 충분하다. 하지만 프랑스 선생님들이 무엇보다도 논술식 시험을 지도하려면 고전의 양서들을 대량으로 독파할 의무가 있을 텐데, 과연 어떨까?

9
Neuf

교과서와
시민의 소양

프랑스 사람들이 자녀의 생활예절에서 중요하게 여기는 또 다른 영역은 에스프리 시빅(esprit civique)이다. '시민정신'이나 '공덕심(公德心)' 정도가 될 것인데, 나는 '시민의 소양'이라 하고 싶다.

에스프리 시빅은 프랑스다운 것으로, '어깨에 힘을 넣지 않은 대중 매너'라 할 수 있다. 아무리 체격이 훌륭하더라도, 아무리 학업이나 업무 수행이 뛰어나더라도 매너가 없는 인간은 프랑스의 어른 사회에 받아들여지지 않고 당연히 융화되지도 못한다.

어린이들 입장에서, 인생에서 처음으로 에스프리 시빅을 경험하는 것은 교과서 대여 제도일 것이다. 아이가 초등학교에 입학할 때부터 학교는 전 과목 교과서를 빌려준다. 이후 아이들은 새로운 학년이 시작될 즈음이면 빌린 모든 교과서에 투명한 커버를 씌운다.

이런 연례행사를 하면서 아이들은 커나간다.

교과서는 세상을 돌아다니는 물건이다. 소중한 공공물을 빌려 쓰는 것이니, 낙서만이 아니라 무언가를 적어 넣는 일도 있을 수 없다. 더럽혀서는 안 되는 것이다. 그렇다고 고이 모셔두고 사용하지 않는 것은 더더욱 안 된다. 학기 동안 소중하고 깨끗하게 써서 연말에 반환해야 한다.

솜털이 보송보송한 1학년 학생도 운이 나쁘면 낡아서 부들부들해진 경력 많은 베테랑 교과서를 받는다. 학교에서는 나름의 배려를 하기 때문에 모든 교과서가 베테랑 교과서는 아니다. 새것과 섞어서 균형을 맞춘다지만 아이 입장에서 주어지는 운명은 피할 도리가 없다.

초등학생들은 물려받은 교과서를 1년 동안 어떻게 써야 소중하고 정중하게 쓰는지 자연스럽게 배우게 된다. 어린이들은 '공공의 물건을 소중하게 쓰는 것'과 '주어진 운명은 피할 수 없는 것'을 마음에 새겨나갈 것이다.

벌칙도 있다. 교과서를 잃어버리거나 글씨를 써 넣거나 낙서 및 파손을 했을 경우 보호자가 변상해야 한다. 그런데 이런 경우는 우리가 상상하는 이상으로 무척 난처한 일이라고 한다. 아이가 공부를 못해서 교사가 학부모 상담을 요청하는 게 아니라 아이의 태도가 자리잡혀 있지 않다는 의미로 부모를 호출하는 것이므로 부모가 느끼는 굴욕감은 말도 못하게 강하단다. 부모 자신의 사회성이 부정된 듯한 기분도 든다고…. 그럴 때의 (평소에는 관용적이나) 프랑스 부모의 꾸지람은 얼마나 대단한지 곁에서 보는 내가 다 어안이 벙벙해질 정도다.

프랑스의 성숙한 어른 문화에서도 에스프리 시빅은 중요한 위치를 차지한다. 공공의 공간에서는 타인의 편안함과 만족을 위해 노력을 아낌없이 기울이고 있음을 증명하는 것이고 어른으로서의 역할이 무엇인지 잘 알고 있음을 내보이는 것이며 본인 스스로도 편안하게 여길 줄 아는 에스프리(=정신)를 갖고 있음을 드러내는 것이기 때문이다. 그래서 프랑스 사람들은 에스프리 시빅을 어렸을 때부터 가르치려 한다.

멋진 분위기의 레스토랑에서 소란을 피운 아이는 장담컨대 앞으로 레스토랑에 갈 기회를 완전히 잃는다. 화려하고 예쁜 옷을 입고 맛있는 음식을 음미하러 외출하는 부모를 그저 집에서 배웅하고 한참이 지난 뒤 밝고 행복한 얼굴로 귀가하는 부모를 기다릴 뿐이다. 여기에는 아이들이 떠들어도 '할 수 없지 뭐.' 하며 어물쩍 넘어가려는 태도가 끼어들 여지는 조금도 없다. 프랑스에는 혼내지 않는 부모도 없지만 그러한 사태를 방치하면 레스토랑에 클레임이 들어온다.

집에서 외출하는 부모를 바라보는 이 처벌은, 아직 어려서 분별이 없는 아이 입장에선 너무 무겁다. 그래도 에스프리 시빅은 자기 책임과 공공매너를 기르는 데 특효약이니 어쩌랴. 유아심리학적으로 말하면, 공공의 장소에서 아이가 우는 것은 슬퍼서가 아니라고 한다. 울게 한 원인 제공자를 혼내주고 본인은 동정을 받아서 세상의 이목을 끌기 위해서라나. 아이들은 감정으로 어른을 지배하고자 한다.

프랑스의 레스토랑이나 지하철 안에서 이야기하는 목소리는, 상대방에게는 들리고 다른 사람에게는 들리지 않는 크기로 하는 게 기본 소양이다. 목소리의 가감은 연습을 통해 깨닫는다. 그 결과, 프랑스어의 보송보송 하는 발음 소리가 섞인 소곤거리는 대화 모습은 프랑스인의 자부심 가득한 자랑거리가 되었다.

공공장소에서의 소음은 소중한 시간과 공간의 침해로 여겨진다. 노골적으로 드러나는 찡그린 얼굴, 때로는 정면으로 얼굴을 바라보며 소음 유발자에게 주의를 준다. 타인의 영역은 존중되어야 하고 침범해서는 안 된다.

여름의 긴 바캉스 시즌이 되면 아이들은 빈번하게 부모님 곁을 떠난다. 친척이나 친구 집에서 잠시 지내거나 지자체 등이 주최하는 서머스쿨, 캠프, 콜로니 드 바캉스(colonie de vacances: 일주일에서 수주일간 산이나 바다에서 행해지는 장기 학생 수련회의 일종-역주)라고 불리는 여행에 참가하는 경우가 많기 때문이다.

가정을 떠나 규율에 따른 생활을 하며 아이들은 공공의 공간에서 필요한 매너를 배운다. 심신이 한층 성장해서 돌아온 아이들―'남자는 모름지기 여러 날을 떨어져 있다가 만나면 눈을 비비고 다시 봐야 할 정도가 돼야 한다.'더니―여자아이라면 이보다 더 극적이다. 사춘기에서 어른으로, 한눈에 봐도 그 성장이 엄청나다.

어찌 됐든, 프랑스의 아이들은 에스프리 시빅을 배워서 성숙의 계단을 한 걸음 한 걸음 오르고 있다.

마지막으로 문화적 습관 차이에서 깊은 흥미를 끄는 것이 있다. 바로 어린이에 대한 징계의 차이다.

우리는 추방―교실 밖 복도나 집 밖으로 내보낸다. 아이는 현관 앞에서 흐느껴 울며 용서를 빈다. 혈연 공동체 또는 지역 공동체에서의 추방이야말로 일본인에게 가장 두려운 벌이었다. 프랑스에서는 감시―자기 방에 갇힌다. 집 밖으로 내쫓기면 너무나 기쁜 나머지 깡충깡충 뛰며 저 먼 곳까지 달려 나가리라. 그러고 보니 프랑스인에게는 자유를 빼앗기는 게 무엇보다도 절망적인 게 아닐까 싶다.

체면을 지키고 부끄러움을 아는 마음은 서양 사람들의 전유물이 아니다. 그런 생각을 하던 차에 '내가 원하지 않는 것을 남에게 하지 말라'와 '가난함을 걱정하지 말고 균등하지 않음을 근심한다.'가 떠올랐다. 둘 다 《논어》에 나오는 말로, 전자는 타인을 향한 배려인데 프랑스 시민의 소양(에스프리 시빅)을 이렇게 바꿔 말해도 좋을 것 같다. 후자는 가난을 근심하기보다는 불평등에 마음이 편치 않다는 뜻인데 말 그대로 일종의 평등 지향, 옆으로 나란히 의식이 강한 잠언이다.

프랑스의 에스프리는 종교적 규범이 아닌 것에도 주의하도록 해서 참 좋다. 매너는 신(=가톨릭)의 섭리가 아니라 속세에서의 소양이다. 시민혁명 후의 프랑스는 성속(聖俗) 분리가 철저히 이루어졌다. 공공장소에서의 언행은 사람들 간의 약속이다. 그렇기 때문에 계속 지키고 싶다─그런 생각이 선명하게 전달된다.

한편, 독일과 네덜란드처럼 종교 개혁을 거친 국가들은─프로테스탄티즘 논리라는 개념이 있는 것처럼─성속일체의 윤리 규범이다. 그런 만큼 강제하는 느낌이 강하다.

10
Dix

국민의 도덕을
유지하는 것

일반적으로 선진국 사회는 학업성적의 높고 낮음보다 예의범절을
더 중시한다고들 말한다. 그러나 한편으로는 선진국이란 구분이 원
래 경제 지표에 의한 것이므로 예의범절과 무관하다는 주장도 있다.

그러나 '항산(恒産)이 없으면 항심(恒心)도 없다'라는 말이 있다.(일
정한 직업과 재산을 가진 자는 마음에 그만큼 여유가 있으나, 그렇지 않은 자는
정신적으로 늘 불안정하여 하찮은 일에도 동요함을 이르는 말로《맹자》양혜왕
편에 나온다.-역주) 한 사람의 개인적인 경제적 빈부와 예의가 일치한
다고 단정할 수 없지만 집단의 확률론이 되어버리면 이야기는 달라
진다. 한 나라의 예의범절이 제대로 돌아가는지를 비유하는 말에 '길
에 떨어진 남의 물건을 줍지 않는다.'라는 말도 있다. 이는 생활이 안
정되어야 비로소 도덕심도 생긴다는 뜻이리라.

그렇더라도 나는 경제적 빈부 때문만은 아니라고 생각한다. 국가 연합의 세계 행복도 순위에 따르면 1위가 노르웨이, 2위는 덴마크와 북유럽 국가들이 차지하고 덩치가 큰 나라인 미국이 14위, 독일이 16위다. 그리고 프랑스는 31위, 일본은 51위다.

프랑스에서는 예의범절(사회적 매너라고 불러도 좋다.)을 존중하는 관념이 강하다. 아무리 학교의 성적이 좋더라도 매너가 좋지 못하면 세상이 상대해주지 않는다. 이런 사람은 '성숙한 어른 사회'의 일원이 될 수 없기 때문이다. 그렇기에 프랑스인은 어렸을 때부터 이런 사실을 몸소 배워서 잘 알고 있다. 물론 프랑스에 매너를 무시하는 사람이 없는 건 아니지만 말이다.

자국의 어른 사회로 들어가지 못한 사람이 세계의 어른 사회에서 통용될 리 없다. 매너는 성숙된 어른 사회로 들어가기 위한, 어른으로 인정받기 위한 최소한의 마음가짐인 것이다.

BCBG(베세베제)라 불리는 부르주아지 같은 특권계급은 예의범절에다가 한 가지를 더 추가한다. 그런 부류가 되면 매너를 몸속 깊이 체득한 다음에 저절로 흘러나오는 기품—내 방식대로 표현하자면 '센슈얼'—이란 영역이 생긴다.

언젠가 귀국했을 때의 일이다. 상당히 혼잡한 지하철 안이었는데 딱 한 자리가 비어 있었다. 차 안에는 80세 정도 되어 보이는 고령자가 몇 명 서 있었는데, 40대로 보이는 남성이 그것도 뒤에서부터 억지로 밀고 들어와 사람들 사이를 비집고는 빈자리에 자신의 5세 정도 되는 아이를 앉혔다.

그런 모습에 나는 정말로 놀랐다. 그리고 봐서는 안 될 것을 봐버린 찜찜한 기분이 들었다. 프랑스에서는 이런 모습을 절대 볼 수가 없다. 아니, 프랑스에서는 의자에 아이를 앉힐 필연성도 필요성도 없다. 다시 얘기로 돌아가서, 빈자리에 앉은 아이는 예상대로, 발을 파닥거리거나 뒤로 돌아서 창문 밖을 보는 등 도무지 가만히 있지 못하고 옆에 앉은 사람에게 폐를 끼치고 있었다. 이런 예의라고는 눈을 씻고 찾아봐도 없는 아버지와 아들이 이 거대한 도시 한가운데에서 기죽지도 않고 제멋대로 날뛰고 있구나. 아니, 이게 대체 뭐지?

나는 분개했고 그리고 슬퍼졌다.

그때 나는 그 사람에게 목소리를 냈어야 했을까? 아무도 말하지 않았다. 누구도 그때 좋은 감정이 아닌 게 틀림없었지만 모두들 가만히 있었다. 내가 만약 목소리를 냈다면 "이상한 아줌마가 새된 소리로 어쩌고저쩌고하는 거야, 오히려 더 놀랐다니까"라는 말이나 들을 것이다. 아니, 그럴 거라 여겨졌다. 기운이 쭉 빠지면서 우울해졌다.

프랑스 부모의 자녀들은 미국 부모의 자녀들보다도 예의범절을 잘 지킬 것이라는 이야기가 있다.

프랑스 아이들은 이미 정해진 형식대로 따르며 예의범절을 배운다. 아기가 태어난 지 4개월이 지나면 부모는 아기가 어른처럼 긴 밤잠을 자게 한다. 혹시라도 한밤중에 깨어나 울더라도 그냥 울게 두는데, 그러면 아기는 지쳐서 다시 잠든다. 이렇게 해서 아기는 낮밤이 뒤바뀌지 않은 인간다운 생활 사이클을 익힌다. 혹은 어떤 부모는 아이에게 주는 식사 횟수를 하루 4회로 정하기도 한다. 간식은 주지 않고 아이가 배가 고파서 식사를 조르더라도 따로 먹을 것을 주지 않는다. 이런 경험들을 통해 아이는 참을성 있게 식사를 기다려야 한다는 것을 배운다.

프랑스 부모에게는 규율에 대한 철학이 있다. 일관되고 한계가 뚜렷한 제한은 아이의 안전과 행복과 직결된다고 믿는다. 많은 부모들은 '농(Non: '아니오'라는 프랑스 말-역주)'이라 말하며 보채는 아이의 엉덩이를 톡톡 두드린다. 이래야 '방자함에서 오는 거친 행동에서' 이 아이를 구하고 아이들은 생활 속에서 자제심을 배울 수 있다고 말이다.

이제 막 태어난 사람에게는 인간성을 기대할 수 없다. 지성이든 그 무엇이든 교육을 통해 배워나가야 한다. 근대 이전의 프랑스에서 인간의 모든 것은 교회의 지배를 받았다. 그러다 시민혁명에 의해 종교와 세속은 분리되었다. 정치 경제에 관한 (주로 산업과 군사의) 지혜와 기술에 속세의 국가 권력이 깊이 관여하게 되었다.

근대 국가는 국민의 심적 자유에 참견하지 않는다. 정교 분리의 원칙도 확립되었다. 말할 것도 없이 도덕이란 개인이 갖는 내적 규율이다. 프랑스의 도덕을 유지하는 건 가족이고 가정이다. 부모가 자식에게 부모 나름의 도덕을 강제하고 이를 통해 자식은 인간성을 획득해 간다. 도덕의 강제를 부모에게 허락한 까닭은 부모가 자녀에 대한 애정과 책임을 갖고 있기 때문이다. 교사와 공무원에게 애정과 책임감을 요구하는 건 환상이고 위험하기도 하다.

여러 사람이 함께 있는 지하철 안에서 예의 없는 행동이 횡행하는 모습은 슬프기 그지없다. 국민의 도덕적 재건을 기대하는 건 나뿐만이 아닐 것이다. 그러기 위해서는 사회가 개혁되어야 한다고 생각하는 사람도 많을 것이다.

하지만 사회개혁의 대상 분야는 정치 경제이지 도덕이 아니라고 생각한다. 사회가 개인의 내적 자유를 간섭했던 결과 해악이 너무나 심각했기에 그런 일이 또다시 반복되면 안 된다. 도덕의 재건은 국민의식의 자립―한 사람 한 사람이 제대로 된 어른이 되는 것으로 달성할 수 있다고 생각한다.

도덕을 학교에 맡기지 않아야 한다. 부모가 자신감을 갖고 가정에서 자녀에게 도덕을 가르치자.

11
Onze

프랑스 엄마는
동요하지 않는다

사춘기에 들어선 아이가 부모의 말을 듣지 않는 것은 어느 나라나 다 똑같은 것 같다. 이 '증상'을 반항기라 부르며 성장기에 급증하는 성호르몬이 일으키는 일종의 홍역 같은 것으로 본다. 그래서 시간이 지나면 언제 그랬냐는 듯 말끔히 낫는다고까지 한다.

그래서 별일 아니라는 말인가? 나는 이 반항기에 부모가 어떻게 자신의 아이를 대하는가에 따라 아이가 성숙한 어른으로 성장할 수 있는지 결정되는 중요한 터닝 포인트라고 생각한다.

반항기는 무엇이든 다 싫다 하는 '이유 없는 반항'으로 인식된다. 예를 들면, 엄마와 아들 사이가 이런 식이다.

"아직은 중학생이니까 부모가 말하는 것 좀 들어!"

"시끄러! 이 아줌마야!"

위에서 내려다보는 거만한 시선의 부모와 유치한 폭언을 내뱉는 아들이 거친 말싸움을 벌이며 서로에게 스트레스를 발산하고 있다. 듣고 있기에 정말 참혹하다.

프랑스인도 사춘기 때에는 반항기로 들어간다. 아이가 뭔가에 대해 불평불만을 늘어놓기 시작하면 부모는 엄격한 상하관계 속에서 의견을 말하지 못하게 하고 눌러버리려는 그런 짓은 하지 않는다. 대신 이치에 맞게 대응한다.

그러면 아이도 폭언을 쏟아 부었다가는 역효과가 날 걸 알게 되므로 자신이 말하고 싶은 것을 차곡차곡 이치를 세워가며―논리적으로 부모를 설득하려 한다.

프랑스의 부모는 반항기를 '어른으로 들어가는 입구에 들어섰다'며 오히려 반긴다. 아이의 의미 없는 반항이라고 여기지 않는다. 오랫동안 교육과 육아에 관해 카운슬링을 해온 친구 이본느가 알려준 한 마디가 아직까지 마음에 큰 울림을 주고 있다.

"사춘기라는 것은 아이의 세계와 어른의 세계 사이에 놓여 있는 길고 가느다란 출렁다리예요. 어른의 세계로 이미 건너가 버린 부모는 손을 뻗어 데려올 순 없지만 아이가 잘 건너오도록 격려하고 조언할 수는 있어요. 그런 다음엔 끝까지 지켜봐주기만 하면 되고요."

프랑스의 반항기는 '부모의 논리 vs 아이의 논리'의 언쟁기다. 처음에는 경험치가 높은 부모가 압승이지만 아이 역시 지고만 있지 않는다. 어떻게 하면 자신의 의견을 납득시킬까를 반복적으로 고민하고 학습한다. 이 모든 게 피나는 노력이 아닐 수 없다. 이렇게 해서 부모를 이기는 논리와 화술을 배워나가는 것이다. 이쯤 되면 부모의 뜻이 더는 먹히지 않는, 정말 다양한 논점이 부딪친다. 솔직히 말해서 부모로서는 배신당한 기분마저 든다.

그러나 이 정도로 아이를 을러대며 화를 내면 부모가 아니다. 우선은 아이의 논리를 잘 듣자. 내놓는 논리가 나름 일리가 있다면 이해하고 생떼라면 철저하게 깔아뭉갠다. 뭔가 껄끄러움을 남기며 에둘러 말하는 가짜 토론은 그야말로 시간낭비다.

그러다가 해결될 기미가 안 보이면 최종적으로는 "어쨌든 안 된다면 안 돼. 우린 가치관이 서로 다르니 그러려니 하든가."라거나 "불만이 있어도 피부양자인 너에게 그럴 권리는 없어. 친권자의 책임에 따라."라 해도 좋다. 가장 중요한 것은 한번 결정하면 한 발자국도 물러서지 않는 것이다. 이해를 잘 해서 끄덕여주는 부모가 아니라 너무 귀찮아서 더 듣고 있지 못하겠다고 하는 부모가 아이에게 세상을 살아가는 방법을 궁리하고 익히는 밑거름이 될 때도 있기 때문이다.

심리학 학위를 갖고 있으면서 오랫동안 리세에서 교육 상담을 해왔던 (네 명의 아이가 자기 앞가림을 하게 다 키운) 지인의 말은 이렇다.

"프랑스에도 우는 아이를 이렇게 저렇게 달래가며 키우는 육아가 들어왔기 때문에 아이를 (그렇게 해야 함에도) 혼내지 않는 부모가 늘고 있어. 이러다가는 정말로 혼낼 수 없게 되어버릴지도 몰라. 제멋대로가 통용되면 아이가 부모를 얕보게 되는 건 금방이거든. 그 결과는 부모도 아이도 사춘기가 됐을 때 쓴맛을 보는 거지 뭐. 아이에게는 부모의 약점을 보여서는 안 되고 한번 결정한 것이나 약속한 것은 양보해서도 안 돼. 아이의 기분에 맞출 필요도 없고 이해심 있는 부모인 척할 것도 없어. 아이에게 미움받아도 돼. 부모에게는 흔들리지 않는 한 줄기의 강한 의지가 필요하다고 생각해."

지당한 말씀이다.

'걱정하느니 차라리 믿어라'라는 말이 있다.

아이는 부모가 걱정하는 것을 알지 못한다. 걱정하면 걱정했던 대로의 결과가 나타날 뿐이다. 부모는 의심을 하기 때문에 걱정한다. 자신의 아이를 믿지 않는 것은 부모 자신에게 의심이 존재하기 때문이다.

그럴 바엔 확 믿어버리는 편이 낫다. 부모와 아이 사이에 신뢰가 만들어지면 그 누가 배신을 하겠는가. 그야말로 '제발 자신의 과거를 기억해 보십시오.'이다. 소소한 거짓말은 했을지 모르지만 신뢰를 무너뜨리는 일은 당연히 못했을 테니 말이다. 신뢰하는 것과 신뢰받는 것은 일맥상통한다.

프랑스의 엄마에게는 강한 의지가 있다. 아이가 신뢰를 저버린 듯 보여도 동요하지 않는다. ─나에게는 그렇게 보인다. 아이도 폭언으로 부모에게 도발하거나 응석부리지 않는다. 논리로 부모를 설득하려는 경험을 차곡차곡 쌓으면서 아이는 어른 사회의 규범을 익혀 나간다.

프랑스에는 육아와 사회생활을 겸하는 엄마가 많음에도 서점에는 이상할 정도로 육아서가 보이지 않는다. 마치 육아의 매뉴얼 같은 것은 필요 없는 국민 같다. 그래도 누구나 알고 있는 유명한 카운슬러이자 심리학자인 프랑수아즈 돌토의 한 구절을 좌우명으로 삼고 있는 부모는 꽤 많다.

'부모가 되는 것은 권력자의 위치에 오르는 게 아니라 의무를 다하는 입장에 서는 것입니다. 사회적으로는 의무의 한 쪽에 권리가 있겠지만 부모에게는 많고 많은 의무만 주어질 뿐 권리는 아무것도 없습니다. 부모는 주는 것으로 보상을 기대해서는 안 되는 존재임을 깊이 다짐해야 합니다.' (Les Cause des enfants 1985)

멋진 철학이다. 돌토의 말은 정말 엄격하지 않은가. 그렇기에 아이를 키우는 것은 숭고하다. 그리고 그 숭고한 의무를 다하겠다는 굳은 각오를 갖고 임해야 하는 것이리라.

12
Douze

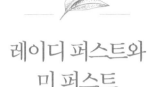

레이디 퍼스트와
미 퍼스트

프랑스의 남성은 어릴 때부터 레이디 퍼스트 매너 교육을 받는데, 레이디 퍼스트는 중세 기사도 정신의 유산이라 한다.

"레이디 퍼스트는 갤런트리(galanterie, 여성에게 친절하고 예의바름-역주)라고 해서 중세 기사도에서 유래합니다. 당시 남성은 어머니와 주위 연상의 여성들로부터 이 교육을 받았지요. 그런데 이것을 단순하게 의무라거나 사회 의례로 부를 수는 없어요. 내 행동으로 여성이 기뻐하면 나도 기쁜 것이고 행복한 기분도 들 거예요. 눈앞에 있는 사람을 놓고, '이 사람은 나보다 연상이니까 혹은 연하니까, 체격이나 체력이 어떠니까' 하는 식의 구분이 없었어요. 때로는 상대방이 자신보다 뛰어나도 상관없고요. 그리고 보니 어쩌면 이건 남자의 긍지랄까 본능인지도 모르겠네요."

어느 경영직 간부가 이렇게 말했다.

갤런트리는 용맹하고 남자답다는 건데, 여성에게도 친절 혹은 친밀… 뭐 그런 의미도 담고 있다는 뜻이다. 귀부인에 대한 숭배와 헌신은 심정적 불륜이고 이를 당사자인 남성도 여성도 알기 때문에 자극적이었다.

프랑스의 남성은 중학생 정도가 되면 여성이 의자에 앉을 때 의자 뒤에 서 있다가 살짝 밀어준다. 어찌 보면 너무나 조숙하게 보이는 장면이다. 역사적 배경이 있기에 그렇게 보이는 게 어쩌면 당연하다. 이렇게 민족의 전통은 태도 문화에 담기고 후세로 전래되기에 그야말로 센슈얼하다.

레이디 퍼스트는 남성 교육만을 지칭하지 않는다. 여성 교육이기도 하다. 남성에게 정중히 대우받는 경험을 통해 그러한 대우에 합당한 여성이 돼야겠다는 의식이 어린 시절부터 심어지는 것이다.

어른과 아이는 명확하게 구별되고 아이에게 어른은 동경의 대상이다. 레이디 퍼스트는 성숙한 선진국의 어른 문화로 정착했고 사회를 위한 최소한의 매너 중 하나가 되었다. 매너가 갖춰져 있지 않은 사람은 환영받지 못한다. 이성에게 매력적일 턱이 없으니 연애는 그야말로 언감생심이다. 연애지상주의자 프랑스인에게는 그야말로 참을 수 없는 일이다.

레이디 퍼스트는 주입되거나 가르침을 받아서 되는 게 아닐지도 모르겠다는 생각이 들었다. 자신도 모르게 자연스럽게 몸에 밴 게 아닐까.

그 본보기는 엄마와 아빠일 것이다. 엄마를 다시없을 만큼 소중히 대하는 아빠와 이를 기쁘게 받아들이는 엄마. 어른의 향기를 진하게 풍기며 너무나 친밀한 부모님. 아이들은 이 모든 것을 차근히 바라보며 관찰한다. 아들은 아빠를 흉내내고 딸은 엄마를 흉내낸다. 남성은 무거운 듯 보이는 물건을 들고 차도 쪽으로 걷고 여성은 그에게 감사의 미소를 지어 보이며 우아하게 함께 걷는다. 티나지 않는 에스코트와 자연스러운 스킨십, 거리의 풍경과 하나가 되는 커플을 항상 눈앞에서 본다면 저절로 그런 태도가 의식 속에 새겨지지 않겠는가.

초등학생이 길을 걷는 노부인의 짐을 들어준다거나 체격 좋은 낯모르는 여성을 위해 도어를 열어주는 광경이 프랑스에서는 드물지 않다. 레이디 퍼스트가 철저한 것이다. 꿍꿍이가 숨겨진 일종의 헌팅 작업을 하느라 그러는 게 아니라 기사도 정신이 저절로 표현된 것이다. 보고 있자면 저절로 감동이 밀려올 정도다.

그렇다면 남성에게 에스코트를 받는 여성은 '레이디 퍼스트'를 통해 무엇을 배울까?

앞에서 말했듯이 그런 에스코트에 어울리는 여성이 되겠다는 '의식'을 가질 것이다. 그 의식을 따라 언어 습관과 행동, 모습이 아름다워질 것이다. 보다 더 아름답게 되려면 겉모습만으로는 안 된다는 것을 깨닫고 내면에서 우러나오는 지성이 필요하다고 자각할 것이다. 그렇다면 교양 정도는 익혀야 한다고 결심할 것이다. 말처럼 쉬울 리 없겠지만 그렇게 되려고 노력할 것이다. 이렇게 해서 프랑스 여성의 '세련되고 품위 있는 아름다움'이 형성되어 간다.

여성이 그렇게 되면 남성도 에스코트의 기쁨이 솟아오른다. 품위 있고 세련된 여성을 에스코트하는 게 '남성의 자부심'이 아니고 무엇이랴. 아름다운 예정조화(세계의 조화는 신의 섭리로써 미리 정해져 있다는 라이프니츠의 설-역주)다.

일본에서 레이디 퍼스트를 실천하려면 극복해야 할 게 너무 많다. 일단은 남성이 어색해할 뿐 아니라 여성도 그 상황이 익숙지 않다. 하지만 아메리카나 유럽으로 여행을 가거나 혹은 거기서 생활이라도 하게 된다면 남성만이 아니라 여성도 레이디 퍼스트의 감각을 익히길 바란다. 그렇지 않았다가는 곤란한 상황에 빠질 수도 있기 때문이다.

성서의 '여자는 남자의 갈비뼈 하나에서 만들어진 것'이란 구절을 핑계 삼아 일부러라도 의심하자면, 서구인들의 레이디 퍼스트는 위장일 수는 있겠으나 어쨌든 몸짓만은 철저하게 지킨다.

무엇보다 레이디 퍼스트를 받는 기분은 그야말로 너무 좋다. 프랑스에(서뿐만 아니라) 있다면 기뻐하며 듬뿍 받고 싶을 만큼 너무나 좋다. 그렇다고 '기사 숭배의 대상은 귀부인이잖아요. 나 같은 서민에게 이렇게 친절하다니, 지금 나를 동정하는군요!'라 여길 필요도 없다. 그냥 '그쪽이 떨떠름하게 굴면 나도 떨떠름하게 굴면 될 뿐.' 정도로 충분하다. 주는 만큼 받는 거다.

이에 비해 미 퍼스트라는 개념도 있다. 내가 말하는 미 퍼스트는 미이즘(me이즘), 자기중심주의와는 완전히 다른 것이다. 또 남자에게 알랑거리거나 남자를 홀리는 식의 미 퍼스트도 아니다. 그것은 인생에 대한 책임을 더도 말고 덜도 말고 그와 함께 딱 절반으로 나누는 것이고 어떤 급작스런 경우가 발생하기라도 하면 모든 것을 책임지겠다는 각오를 의미한다.

"너를 위해 이렇게 높은 힐을 신고 왔더니 걸을 때 부들부들 흔들리네. 그러니 좀 잡아 줘."

이런 말 좀 하지 말자. 그렇다고 가뜩이나 걷기 힘든데 아닌 척 참자는 말도 아니다. 높은 힐을 신는 건 그를 위한 게 아니라 나의 늘씬한 각선미를 자랑하고 나 자신을 표현하기 위한 것이다.

미 퍼스트는 아이를 기르는 데에도 활용할 수 있다. 금이야 옥이야 하며 맹목적으로 사랑했다가는 아이는 썩을 대로 썩어서 제대로 서지도 못한다. 아이를 위해서 부모의 인생을 희생한다? 그것이야말로 아이에 대한 애정 결여를 증명하는 길이다.

아이를 키우는 육아에는 정답이 없다. 그러니 완벽함도 있을 수 없다. 원래 육아는 생각대로 되지 않는다는 의미다. 그렇다면 프랑스적 미 퍼스트는 어떨까? 그들의 미 퍼스트는 부모의 행복(=엄마의 행복)을 우선시한다. 육아를 내팽개치라는 게 아니라 부모의 행복이 있어야 비로소 아이의 행복이 있다는 뜻이다. 여기서 말하는 부모에 대한 복종은 자녀를 학대하는 것과 전혀 다른 것이니 오해하면 안 된다. 아이가 사춘기가 되어 불의에 저항하려는 정신이 보이면 부모는 박수를 쳐 주면 된다. 어찌 됐든 세상에는 완벽한 것은 없다. 자신이 이해하고 행동으로 실천해 나갈 수 있는 미 퍼스트가 좋은 건 이미 결정난 것이나 마찬가지이기 때문이다.

13
Treize

프랑스의
엘리트주의

프랑스는 엘리트주의(elitism)의 나라다. 그것은 민주주의(democracy)보다도 선행하는 체제이며 실존주의(existentialism)보다도 확고한 실존이다.

엘리트(élite)의 어원은 라틴어 ligere(선택하다)에서 나온 것으로 '신에게 선택받은 자'를 뜻한다. 프랑스에서 엘리트는 시험으로 만들어진다. 지성을 자세히 생각하고 조사하는 시험은 오로지 논술식 및 면접식으로 실시된다. 지식과 사색 및 표현력이 탁월한 자가 선발된다.

철학자 시몬 드 보부아르(Simone De Beauvoir)는 저서 《제2의 성》에서 '인간은 여성으로 태어나는 게 아니라 여자로 만들어진다.'라 하며 성(sex)와 사회적 성징(gender)의 구별을 이론화했다. 엘리트도 역시 만들어지고, 만들어지면서 스스로 엘리트가 되어 간다.

프랑스인은 개인주의라는 둥 이론만 늘어놓는 경향이 있다는 둥 그런 말을 많이 듣는다. 실제로 그들은 정책제언에 대해서 감정적으로 동의인지 아닌지를 내비추기보다는 이성적이고 논리적으로 정책 자체를 이해하길 바란다. 이해되지 않으면 찬성의 뜻조차 나타내지 않는다.

그렇게 되면, 아니 그렇기 때문에 더욱, 내 앞의 저 지도자가 나보다 월등하게 우월하다 싶으면 내 논리는 버려두고 그냥 받아들인다고 할까…. 아예 반론하는 걸 포기하고 순응하는 경향이 있는 것처럼 보이는데 왜 그런 걸까?

프랑스인이 가장 존경하는 인물은 옛날에는 나폴레옹 보나파르트라고 들었는데 현대에는 샤를 드골이라고 한다. 둘 다 과감한 결단을 통해 파멸의 위기에 빠졌던 국가를 구했다. 그러다 말년에는 외로운 노병이 되어 쓸쓸히 사라졌지만 끝내 지조를 더럽히지는 않았다. 둘 다 위대한 카리스마적 리더였다.

이들과 비교하면, 현대 프랑스의 엘리트 정치가의 학력 편차는 크다. 이 말은 실력이 뛰어나다는 의미다. 단, 카리스마만 놓고 앞의 두 사람과 비교한다면 물처럼 흐릿하다 할 수 있다. 어쨌든 지도자와 민중 간의 능력 격차를 상호 인식하는 것이 엘리트에 의한 정치 지배가 지속되는 열쇠가 되는 것 같다.

리세 최종 학년의 철학 교육은 장래의 엘리트와 일반시민이 조우하고 서로의 격차를 인식하는 공간으로서 설정된 것 같다.

예전 중국에는 과거시험이라는 제도가 있었다. 고대 황제국이던 수나라 때부터 근세의 청 제국까지 천년 이상 끊어지지 않고 지속된 관리 등용 시험이다.

근대 서구의 역사가들은 과거제도로 선발된 진사를 군주의 사유재산처럼 인식해 가산관료(家産官僚)라 여겼고 그런 만큼 국가의식을 갖지 못했다고 주장하며 아시아적 전제국가와 국가 관료 체제였던 서구 근대국가의 차이를 논하곤 했는데 이렇게 무 자르듯 딱 잘라 갈라놓을 수 있는 게 아니다.

현대의 프랑스에도 선발 시험에 의한 도태 작업이 실시되므로 결국은 살아남은 자가 승리하는 구조다. 그런데 그렇게 되기까지는 학교가 강권적으로 진로를 가른다. 많지도 않은 수의 사립학교는 대부분 종교계인 것이 많고 일반적으로 학교라 칭하는 대부분은 국립이다. 교육은 국가의 국민에 대한 의무라 여기므로 부모가 교육비를 고민하지 않는다.

단지 다소 노력은 있을지언정 지역 환경에 따라 공립교마다 차이가 나는 것은 피할 수 없고 이런 현상이 고정화되고 있는 점도 솔직히 말하면 사실이다. 자유·평등·박애의 이념이 프랑스 사회 안에서 유명무실화되고 있다는 지적을 부정할 수 없다.

프랑스의 초등학교 5학년 수업 대부분은 국어와 계산하기로 채워져 있다. 단순한 '읽기·쓰기·셈하기'와 다르게 논리적인 사고와 명석한 언어능력을 키우기 위해서다.

콜레주(보통중학) 4년간은 어느 리세(고등중학)로 갈 것인지 정하기 위한 기간이다. 이른바 진학 코스로 갈 것인가 직업 코스로 갈 것인가. 본인의 희망 같은 건 고려되지 않는다. 초등학생처럼 놀기에 정신이 팔려 있다가는 큰코다칠 터다. 또한 이 나라에는 월반도 있고 유급도 있다. 이런 제도를 잘 사용해서 아이의 장래에 잘못됨이 없도록 하는 게 부모의 책임일 것이다.

어쨌든 프랑스에서 엘리트를 목표로 하는 사람은 엘리트가 되거나 그렇지 못하면 서민으로 툭 떨어지는데 그 낙차가 너무 큰 것 같다.

예를 들면, 이공계에서 최고로 어렵다는 에콜 폴리테크니크(국립고등이공과학원: X)를 목표로 하려면, 파리에 몇 군데 있는 명문 진학 클래스에 들어가 1년차에 고등수학을 마스터해야 한다. 못하면 거기에서 일반대학으로 추방된다. 2년차에 특수수학을 이수하는데 성적 상위 클래스에 들어가지 못하면 X는 무리라고 판정된다.

그랑제콜에 들어가기 위한 시험 기회는 바칼로레아 취득 후 3년까지인데 열심히 공부했다 하더라도 약 절반은 그랑제콜 문 앞에서 눈물을 흘려야 한다.

X, 즉 에콜 폴리테크니크 입학자 중에는 상류계급 출신이 압도적이라 한다. 양대 시험 중 하나인 면접시험 날에는 도시에서 자라겁도 별로 없고 에스프리를 제법 멋들어지게 발휘하는 이른바 연극적 재능이 있는 사람이 당연히 유리하지 않을까 싶다. 필기만 있는 시험에서 당락이 결정되는 일본에는 종종 '학력은 높지만'이라고 평가되는 사람이 있는데 단언컨대 그들은 퍼포먼스에서 뭔가 하나 부족해서 그런 소리를 듣는 거라고 본다.

X에 입학하면 누구든지 totuyer(튜토와이에: 나는 너의 친구)가 되어, exclusive(배타적)한 폴리테크니크의 일원으로 받아들여진다. 진짜인지 꾸며낸 말인지 명확하지는 않지만, 엘리트들은 범위 짓기 좋아하고 파벌을 좋아한다고 한다. 이것 역시 엘리트층을 형성하는 비결이 될 터이다.

X는 유학생을 제외한 정원이 400명이고 공부 기간은 5년인데, 4년차에 다른 그랑제콜로 파견되며 5년차에 졸업논문을 제출한 다음 졸업이다. 역사적 경위에 의해 X는 국방성 관할이므로 입학할 때 군대 계급인 소위에 임관되고 급여도 받으며 졸업 후 10년간은 공무원으로 일할 의무를 진다.

앞에서 그랑제콜이 처음에는 이공과계 고등직업학교로 발족했다는 것은 설명했다. 그런 경위가 있어서일까, 그랑제콜로 들어온 대부분은 바칼로레아에서 과학계(S)나 경제사회계(ES)였고 인문계(L)

를 선택했던 사람은 매우 적다. (선택비율은 S 52 : ES 32 : L 16)

흔히 '프랑스인에게 철학은 일반적이다'라는 통념이 존재하듯 성적이 좋은 사람은 이과계로 진학한다는 생각도 널리 퍼져 있는 것이다. 엘리트주의 국가이기 때문에 이들 중 많은 수는 그대로 정치가 · 고급관료 · 대기업 경영자가 되는데 엘리트층에 이과계 인물이 많은 점은 기억해야 할 부분이다.

X와 같은 1794년에 리세의 교사양성을 위해 만들어진 곳이 에콜 노르말 쉬페리외르(ENS)다. 학생은 노르말리앵이라 불리며 적지 않은 인문계의 그랑제콜에서 명문이라 자부하고 있다. 고등사범학교라지만 대학의 하위 과정은 아니며 당연히 교수 자격(아그레가시옹)을 독점하고 있다.

ENS를 졸업한 노르말리앵의 국가자격을 아그레제라고 하는데 지적 엘리트의 표상이고 장래의 학자와 연구가가 될 이들에게는 자부심 가득한 이름이다. 프랑스인은 학문하는 사람을 높이 존경한다.

노르말리앵에는 베르그송(Henri Bergson), 메를로 퐁티(Maurice Merleau Ponty), 시몬 베유(Simone Weil) 등 세어보자면 끝이 없을 만큼 지적 유명인이 많은데 사르트르나 알튀세르(Louis Althusser)의 예를 들 것도 없이, '반체제 인사'도 많다. 반체제 엘리트라는 게 모순된 표현일 것도 같은데 융통성 있는 사회는 범위도 넓게 포용한다. 어쩌면 체제를 유지해 나가는데 필요한 일이라며 일부러 반체제 엘리트를 만들고 있는지도 모르겠다.

현대 프랑스의 엘리트주의를 상징하는 곳은 국립행정학원(ENA)이라고 한다. ENA 수료를 에나르크(énarque)라고 칭하는데 최근에는 에나르크가 정권의 중추를 차지하는 기간이 길게 지속되는 것에서, 프랑스의 정치체제를 에나르시라고도 부른다.

1945년 설립된 ENA는 일반과 다른 박사후기과정에 해당되고 그랑제콜 수료의 '일반'·공무원 중에서의 '내부'·민간기업에서의 '특별'이라 하는 세 구분의 시험으로 선발된다. 해마다 합격자는 100명 정도인데 다른 것과 비교해 약 20배로 어렵다 보면 된다.

재학 기간은 27개월이고 커리큘럼은 몇 개의 그룹으로 나눠서 실시하는 세미나 및 공공기관·기업에서의 실무 연수로 구성된다. 급료는 지불되며 공무원으로 의무 근무를 해야 하는 기간도 X와 거의 같지만 수료자는 고위관료가 되는 티켓을 손에 넣었다고 할 수 있다.

경쟁은 정말로 치열하다. 더 높은 슈퍼엘리트 관료로 가려면 대관료집단(그랑코르)의 일원이 되는 것이라는데 그랑코르에는 재정감사총국·국무원·회계감사원의 직위를 얻는 것이고 그 방법은 수료 석차에 따른다. 수석부터 3위가 재정감사총국, 7위까지가 국무원, 11위까지가 회계검사원이 된다.

ENA에는 합격률 90%를 자랑하고 시앙스포(파리정치학원)로 약

칭되는, 준비학급 비슷한 그랑제콜이 존재한다. 시앙스포의 전신은 1872년에 정치학자 에밀 부트미(Emile Boutmy) 등에 의해 만들어진 자유정치과학학원이다.

1871년, 자타공인 유럽의 패자였던 프랑스는 보불전쟁에서 신흥 프로이센·독일에 패했다. 황제 나폴레옹 3세는 빌헬름 1세에게 성하의 맹세(적에게 수도까지 침입당하여 맺게 되는 굴욕적인 항복의 서약-역주)를 여지없이 맺어야 했다. 병력도 국력도 뛰어났었는데 어째서 그런 일이 벌어진 걸까?

부트미는 패배의 원인을 프랑스인의 지성과 정신의 쇠약 때문이라고 단정했다. 1805년의 아우스터리츠 전투 삼제회전(Battle of the Three Emperors-역주) 때 나폴레옹에게 패배한 독일은 긴 오랜 개혁을 거쳐 설욕을 했다. 1807년 프랑스 점령하의 베를린에서 철학자 요한 고트리프 피히테(Johann Gottlieb Fichte)는 〈독일 국민에 고함〉이라는 연속강연을 하며 독일 국민의 각성을 촉구했고 이는 1809년의 베를린 대학의 창립으로 이어졌다.

이에 착안한 부트미는 '베를린 대학이 독일의 승리를 가져왔다'라고 생각했고 민주주의 체제 아래에서 새로운 정치엘리트의 양성이야말로 매우 중대한 과제라고 인식했다. 그것이 행동으로 옮겨져 자유정치과학학원이 되었고 전후 드골에 의해 국립화되어 ENA가 된 것이다.

프랑스의 엘리트주의는 최고의 관료직을 독점한 다음 정계로 진출하거나 낙하산으로 경제계의 상부를 독점하고 있다. 확실히 엘리트들은, 역마차를 끄는 말처럼 지치지 않고 일도 잘 한단다. 사명감도 강하다고 한다.

하지만 그 사명감은 금전적 수입이 주는 막대함 때문이라고도 할 수 있으며 이렇게 사명감(=하고픈 마음)까지 이들에게 독점된다면 중간층도 서민도 '지성과 정신의 쇠약'에 빠진들 전혀 이상하지 않으리라. 지금 프랑스는 주 35시간 노동에 휴가가 1개월 이상 같은 그런 우아함을 허락할 만한 경제상황이 아니다. 보고 있자면 지나치게 여유부리는 게 아닌가 하는 생각마저 든다.

엘리트주의가 서민의 체념과 관망을 먹으며 유지되는 것이라면 그 미래는 결코 밝지 않다. 프랑스 국민은 언제나 방탕한 권력자를 추방할 에너지를 가슴에 꼭꼭 저장하고 있다. 그런데 혹시 저장한 뒤 문을 꽉 닫아걸고 '썩어문드러지지만 않으면 괜찮아' 하고 있는 중은 아닐는지?

14

Quatorze

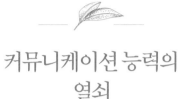

커뮤니케이션 능력의
열쇠

세상 사람들은 외교 절충과 비즈니스 교섭을 이겼다 졌다 하며 승부사로 보는 경향이 있다. 과장해서 '언어의 주먹다짐' 등으로 표현하기도 한다. 주먹다짐이라고 해도, 모질게 대하거나 비방 중상의 응수가 아니다. 언어는 어디까지나 은근한 것이다. 그런데도 조용한 살기랄까, 언제라도 싸울 포즈를 취하고 있는 건 여실히 감지된다.

구불구불 복잡하게 그어진 국경으로 크고 작은 많은 나라들이 서로 접하고 있는 유럽은 국가의 수가 많을 뿐만 아니라 인종·종교·언어에서의 차이가 다양해 분쟁의 씨앗이 끊이질 않았다. 유럽의 역사는 전쟁의 역사였다. 제국주의의 시대에는 지구상의 땅 끝까지 진출해 전쟁을 벌이며 세계를 식민지로 만들던 나라들이었다.

역사가 다르면 인간도 다르다지만 서양과 일본은 유전자 DNA

의 토양이 달라도 너무 다르다. 축적된 경험치의 두께로 겨뤄본다면 단순하게 산 일본인은 당해낼 재간이 없을 것이다.

원래부터 일본인은 섬나라의 농경민족이다. 쌀은 고온다습의 계절풍 지대에서 생산된다. 이 땅의 자연은 친절했기에 크게 쓰라린 고생을 하지 않아도 풍요로운 결실을 얻을 수 있었다. 수리시설과 농번기에 사람들의 협력은 필수였고 수확할 때는 함께 마시ᄀ 함께 먹는 잔치를 벌이며 한 해의 노고를 기렸다.

이에 반해 위도가 높은 유럽의 생활은 혹독하다. 밀의 생산량은 쌀의 10분의 1 이하밖에 되지 않는다. 땅에서의 수확만으로는 살아갈 수 없기 때문에 양으로 시작된 유목 혹은 목축은 이들에게 수렵인다운 생활 감각을 심어주었다. 땅에 정착하지 않는 자유로움을 추구하는 것도 그중 하나이리라.

풍요로운 토지에서 떨어져 살 수 없었던 일본인은 언제나 주위의 분위기를 읽어낼 줄 알아야 했으며 끈적끈적한 의리와 인정에 '우리가 남이가~' 하는 말을 입에 달고 살았다. 입은 재앙의 근원이었고 침묵은 금이었다. 정직하고 과묵한 것이야말로 미덕이었기에 거짓말도 방편이라는 술수 자체가 힘들었고 그래서 결국 '교섭'에 익숙하지 못한 민족성이 형성되었다.

또한 처음 보는 사람과는 '인사'도 제대로 할 수 없는(혹은 일부러

하지 않는) 사람들이 꽤 많다. 아니, 그런 사람이 대다수다. 가까운 사람에게는 친절하고 타인에게 엄격하다. 파티 같은 곳에 가도 시종일관 아는 사람들끼리 모이고 모르는 사람과는 말도 걸지 않고 시간만 보내다 끝내는 일이 많다.

그러니 철학이론의 중층적 전개에 관한 논쟁을 어렸을 때부터 접하며 자란 프랑스인에게는 한눈에 어린애 같아 보이는 이들을 설복시키는 건 마치 '어린 아이의 손목을 꺾는' 것처럼 아주 쉬운 일일 것이다.

끝이 없이 나오는 수다에서 철저한 논쟁까지, 대화는 프랑스인에게 일상이다. 사람의 마음은 보이지 않는 것이므로 아름답든 속이 시커멓든 실제로는 아무 상관없다. 이들에게 침묵은 아무 가치도 없으며 말과 표상으로 표현된 것만이 세계다.

대화를 나눌 때는 진실한 내용만이 아니라 때로는 재미있고 세련된 말도 하고 싶어지게 마련인데 이게 바로 영어로는 유머이고 프랑스어로는 에스프리라고 하는 것이다. 유머는 설령 적군 사이일지라도 높이 평가한다. 유머에는 자학과 냉소 같은 블랙 코미디도 포함될 때가 있다.

모든 사람과 생생한 대화를 나눈 경험은 피가 되고 살이 되며 머리에는 양분이 된다. 사모든 사랑이든, 여러 경험을 한 자만이 강해지는 법이다.

—자기야, 예쁜 여성과 아름다운 여성 중에, 어느 쪽이 더 좋아?

—둘 다 싫은데. 내가 좋아하는 건 너뿐이라니까. 너도 알잖아?

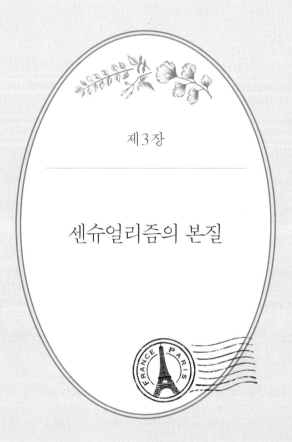

제3장

센슈얼리즘의 본질

1
Une

세계 최고의
센슈얼한 도시 파리

다른 사람들이 뭐라 해도 나는 세계에서 최고로 센슈얼리티가 가득한 도시가 파리라고 생각한다. 물론, 뉴욕, 런던, 밀라노, 베네치아, 프라하, 빈, 상하이, 싱가포르, 도쿄 등 세계에는 매력적인 도시가 많다. 그러나 파리는 이들 도시보다 특별한 곳이다. 파리만큼 아름다움과 역사가 가득하고 훌륭한 연출을 통해 많은 사람들을 매혹해 온 도시는 아마 없으리라.

'여기 파리에는 최고의 화려함과 적나라한 외설, 최고의 미덕과 지독한 악덕이 있다.'라며 흥분된 파리 생활을 담은 유명한 말을 남긴 쇼팽에서 '만일 운 좋게도 젊었을 때 파리에서 보낼 수 있다면 그 후의 인생을 어디에서 보낸다 해도 파리는 늘 당신 곁에 머무를 것이다. 파리는 움직이는 축제일이기 때문이다.'(《이동축제일》 중에서)라며 생제르맹 데 프레에서 모히토를 마시던 헤밍웨이까지…. 파리를 사랑하는 예술가는 셀 수 없을 만큼 많다.

예술가들뿐만이 아니다. 히틀러는 침공했던 파리의 아름다움에 숨이 막혔으며 곧 선망과 질투를 품었다. 그는 비시정부(1940년 6월에 프랑스가 독일에 항복한 후 비시에 세워진 친독 정권-역주)가 무너진 후 파리 파괴를 명령했으나 독일 점령군 사령관인 콜티츠 장군은 그 명령을 따르지 않았다. 1966년에 개봉된 미국 프랑스 합작영화 〈파리는 불타고 있는가〉에서 레지스탕스에 항복해 아무도 없는 독일군 사령관실이 화면에 나오고 그 한쪽에서 나뒹구는 전화 수화기가 클로즈업되면서 히틀러의 "Is Paris burning?"이란 목소리(본래라면 "Brennt Paris?"이었겠지만)만이 공허하게 울리는 인상적인 장면으로 끝이 난다.

독일 점령군 사령관인 콜티츠는 파리의 눈부신 아름다움과 센슈얼리티에 무릎을 꿇고 경배했던 것이다. 센슈얼리티가 내뿜는 색채, 향기, 매력적인 순수함은 자극적이라기보다는 부드러우면서도 강인하다. 아름다움이 갖는 폭력은, 눈에 뻔히 보이게 몸에 두른 것을 벗길 때 느끼는 게 아니라 알아차리지 못하는 사이에 심신의 감성이 홀딱 벗겨지고 그제야 자신의 처지를 깨달았을 때 느껴지는 두려움이다.

파리 도심의 아름다움은 통치자가 가진 지혜의 집적에서 나온 것이다. 건물 높이와 외관, 색채의 가지런한 통일감은 누가 봐도 압도적이다. 19세기에 오스만 지사와 나폴레옹 3세가 실시했던 성채도시 파리의 도시 대 개조 계획의 주제는 '그 아름다움으로 다른 나라를 압도하여 파리를 세계 최고의 수도로 만들자'였다. 에펠탑에서 파리의 거리를 내려다보면 부드러운 색채와 건물의 실루엣이 이루는 완만하고 평온한 곡선에서 놀라운 통일감과 기하학적 완전성을 느낄 수 있는 까닭은 이런 정교하고 치밀한 도시계획 덕분이다. 이 에스프리가 지금도 파리 시민에게 이어져 살아 숨쉬고 있다.

전선은 지하에 케이블화했기 때문에 거리에는 전신주가 없다. 경관을 유지하기 위한 법률이 엄격해서 세탁물이나 이불을 발코니에 널 수 없고 상업시설이라도 간판과 네온사인을 규제해 파리 고유의 기품과 품격을 보호·유지한다. 파리에 사는 주민과 (실용성을 다소 희생하더라도) 하나로 융합되면서도 '아름답고 싶다'라는 집단적 의지가 도시 전체에 반영된 것 같다.

역사의 축적이 워낙 얕아서 기능성을 우선했던 아메리카의 여러 도시, 전쟁의 화마 이후 명확한 지침이 없는 상태에서 부흥되고 확대된 주요 도시와는 확연히 다르다.

파리의 광고와 텔레비전CM에는 에로티시즘적 분위기가 언제나 흐르고 있다. 란제리와 향수는 당연하고 본래라면 똘똘한 이미지로 팔려야 할 자동차와 항공회사의 PV까지도 진한 관능으로 표현되고 있다. 식품업계도 다르지 않아서, 그중에는 '침대에 들어가기 전에 먹으라고?'라고 여겨질 만큼 이해하기 곤란한, 묘한 분위기가 가득했던 것도 있었다.

몇 년 전, 모 유명 백화점 외벽에 브론즈 색으로 선탠한 모델이 전라의 모습으로 누워 있는 거대 광고가 걸린 적이 있었다. 나는 남들에게 파리의 분위기를 전할 절호의 기회라고 여겨서 SNS에 올렸더니 역시나 '부적절한 사진'이라며 업로드는커녕 자체 삭제되었다. 그렇다면 이 사진이 풍기문란에 저촉된다는 의미일 것이다. 대체 그 기준이 뭘까? 어느 나라의 지방도시에서 하반신을 드러낸 다비드 상 레플리카(복제품)가 '교육상 좋지 않다'며 하의를 입힐 것에 찬반이 나뉘어 분규가 일어났다던데, 그 나라의 기준과 프랑스의 기준이 별반 다르지 않다는 뜻일 것이다. 어, 그럼 이 광고들은 대체 뭐란 말인가?

파리는 시각만 사로잡는 게 아니다. 거리에서 들려오는 프렌치팝 송에도, 과거 좋은 시절의 샹송에도 제일 먼저 아무르가 담겨 있다. 가장 정평이 나 있는 것은 거리의 향기다. 파리는 세계적으로 유명한 밀라노, 로마와 어깨를 나란히 하는 짙은 향수문화의 거리로, 거리 곳곳을 지나다 보면 퍼퓸이 비강을 파고든다. 여기에 간혹 가다 변두리 느낌을 자아내는 미미한 스카톨(skatole; 변 냄새)의 흔적까지 더해지면, 아, 역시 파리구나 싶다.

파리의 몽수리 공원을 무대로 한 이브 몽탕의 대표곡 〈고엽〉의
가사를 쓴 시인 자크 프레베르(Jacques Prévert)는 이런 시를 썼다.

수천 년 또 수만 년도
모자라리라
그 영원의 한순간을
다 말하려면
네가 내게 입 맞춘
내가 네게 입 맞춘
겨울 햇빛 속 어느 아침
파리의 몽수리 공원에서
파리의
지구 속의
우주 속 하나의 별의

— <LE JARDIN>

두 사람의 우연한 만남은 우주가 시작된 이상 이미 정해져 있다.
겨울 햇살 눈부신 아침, 꿀 같은 키스를 주고받는 두 사람은 살고 죽
는 인간의 시간을 초월한다. 거리 곳곳은 그 숙명적인 만남을 예감
한다. '두 사람'은 아무르의 주체이면서 동시에 파리라는 무대가 은
밀히 간직하고 있던 의지의 집행자였던 것이다.
파리지앵, 파리지엔에게 센슈얼한 사람이 많은 까닭은 거리의 곳

곳에 녹아들어가 있는 '아름다워야 해'라는 의지가 사람과 일체화되고 있기 때문이 아닐까 싶다. 파리지엔의 아름다움은 그 배후에 세계에서 오직 하나밖에 없는 '파리의 거리'가 있고 나아가 '자국의 역사·문화·예술에 대한 사랑'이 있기 때문에 숙명처럼 겉으로 드러날 수밖에 없다.

한편 파리에도 '철학의 거리'가 있다. 무흐타르 가까이의 데가르트 거리, 그리고 많은 문학의 무대가 된 콩트르스카르프 광장, 사르트르가 살았던 보나파르트 거리…. 보들레르는 생 루이섬을 배회했다. 루소의 《고독한 산책자의 몽상》은 바스티유로 내려가는 쉐멩 베르가 무대. 생제르맹 데 프레 옆의 레 뒤 마고라든가 카페 드 플로르라든가… 이 카페에서의 담론으로 상상력이 함양되리라. 파울 첼란(Paul Celan)이 몸을 던진 미라보 다리와 웃음꽃이 피어나는 수면 위로 예술을 둘러싼 희비극이 반짝이는 센 강변….

기필코 아름답고 말겠다는 의지를 품은 것처럼 느껴지는 파리의 거리를 걸으며 '아름다움은 표상이 아니고 의지다'라고 한 쇼펜하우어의 말을 중얼거려 본다.

2

Deux

프랑스 정치가와
여성 스캔들

30년 전쯤에 일본에서 여성과의 스캔들이 발각되어 당시의 내각 총리대신이 사퇴 압력을 받던 사건이 있었다. 현재도 일본의 정계에서 애인·불륜은 금지의 영역이다. 한편, 프랑스에서는 애인문제가 스캔들이 되지 않는다.

제3공화정 시대의 대통령 중 한 사람이던 펠릭스 포르를 아시는지? 그의 이름이 무엇보다도 역사적으로 남게 된 이유는 재임 중에 대통령 관저였던 엘리제궁에서 젊은 애인과의 밀회 중에 뇌경색으로 급사했다는 '추문' 때문이다.

가장 많이 회자된 것은 미테랑 전 대통령의 숨겨진 자식 사건일 것이다. 이런 일은 보통 발각되자마자 거대한 스캔들이 되고 미디어와 정계의 규탄 대상이 되어 정계를 떠나야 했을 것이다. 그런데 미테랑 전 대통령이 기자단과의 조찬회 자리에서 혼외자에 대한 질문을 받았을 때의 리액션은 지금까지도 전설로 남아 있다. 그는 아무렇지도 않은 듯이 코웃음 치며 "에 아롤?"이라 했던 것이다. '에 아롤'은 '그게 어쨌다는 건데?'라는 의미다. 미테랑 전 대통령에게는 애인이 100명 있었다고도 한다. 그런데 미테랑 부인에게도 젊은 연인이 있었다니, 그렇다면 두 사람은 상호양해 속에 자율적인 관계를 구축하고 있었다는 건가?

시라크 전 대통령이 여러 번 은밀하게 일본을 방문했다는 사실은 이미 잘 알려진 사실이고 사르코지 전 대통령의 화려한 사생활은 아직도 생생하다. (개인적 감상으로서는 세실리아 전 사르코지 부인이 갑자기 애인과 뉴욕으로 사랑의 도피를 한 쪽이 더 선명하고 강렬하지만)

올랑드 전 대통령도 일본 방문 때 동반했던, 당시 사실혼 상태의 부인을 내버려두고 새해 첫날 애인 곁으로 가느라 스쿠터에 몸을 싣고 외출하는 현장이 파파라치에 찍혔다. 낮게 깔린 비구름처럼 언제나 저조했던 대통령 지지율이 그 사건 이후에 약간 올랐다니, 이해할 수 없는 일이다. 올랑드 전 대통령을 비판하던 야당도 이 일에 대해서 한 나라의 대통령이 스쿠터를 타고 바깥으로 움직였다니 위기관리능력이 너무 없는 거 아니냐, 교제비에 국가의 세금이 쓰이고 있는 건 아니냐 하며 규탄은 해도 사실혼 부인이 아닌 다른 여자가 있는 장소에 갔다는 것에 대해서 도덕적 추궁은 하지 않았다고 한다.

민간의 여론 조사에서도 대통령의 밀회에 대해서 77%가 '사생활 상의 문제'라고 대답했고 84%가 '대통령 평가에 영향은 없다'라며 이해한다는 의견을 보였다. 너무나 프랑스적이다.

프랑스에서는 '정성분리(政性分離)'라고 해서 설령 그것이 추문에 관계될지라도 매스컴은 정치의 공공적 부분만 다룰 뿐 정치인의 사생활은 따지지 않는다. 개인의 생활과 공적인 직무(정치)는 완전히 분리해서 생각해야 한다는 국민적 합의가 형성되어 있는 것이다. 프랑스에서는 남녀의 연애와 성애에 대해서 말할 때 도덕과 논리보다 감정적이고 운명적임을 최우선으로 삼긴 해도 그러한 행동이 정치적인 능력과 연관된다고 생각하지 않는다. 개인적으로 남녀관계가 지극히 문란하더라도 해야 할 것, 즉 공공이 기대하는 업무를 깔끔히 해내고 있다면 그걸로 됐다는 뜻이다. 실제로 역사상의 위대한 지도자들은 '여자를 좋아했다'는 말이 있듯이, 인기가 없어서 스캔들 한두 개도 없는 지도자는 그의 성실함이나 결벽성이 긍정적으로 평가되기보다는 과연 저 사람에게 인간적인 매력이 있긴 한 건가 하고 프랑스인들은 고개를 갸웃거린다는 것이다. 나아가 프랑스인에게 사랑이란, 그것이 불륜이든 애인 관계이든 한 사람의 인생에서 '그땐 참 좋았지…'란 의미의 '벨에포크'란다.

당연한 말이지만 이 관점은 이성 간의 연애 문제에만 한정하지 않는다. 성적 소수자들에게도 동일하게 관용적이다. 확실히 이곳 사람들에게는 '사회성은 공공에 따르면 된다. 그 다음은 남자끼리든 여자끼리든 서로 사랑하기만 하면 된다. 사랑이 없는 건조하고 살벌한 인생이나 가짜 부부생활을 지속하느니 차라리 아무르에 충실해 풍요로운 삶을 영위하는 게 낫다'라는 공리가 있다. 연애를 하다 보면 사람에게 상처를 주거나 상처받거나 하는데, 그렇기 때문에 사랑을 둘러싼 공리를 지키려 한다. 에 아롤?(그게 뭐 어쨌다는 건데?)

프랑스 사람들은 바쁜 사회생활을 하면서도 자신의 생생한 감각(센스)과 센슈얼을 느낄 수 있는 매일의 이벤트를 즐긴다. 사랑하는 사람을 가장 소중히 여기고 나아가 스스로도 충족되기 위한 에로스적 관계를 다방면으로 구축하려면 시간과 에너지가 아무리 많은들 부족하지 않겠는가. 게다가 교양도 쌓아야 하고 여러 예술 관련 지식도 업데이트해야 하고…. 어리석은 사람일수록 한가하면 나쁜 짓을 한다는 말이 있는데 프랑스 사람들에게 이 말은 적용되지 않는 것 같다.

그렇기 때문에 이들에게는 타인의 프라이버시에 관심과 간섭이 생길 짬이 없다. 덧붙여 사람의 연애(색정)를 '결벽'이나 '정조'라고 말하며 비난하는 인생을 걸어본 기억도 없을 것이다. '사람은 사람'이라는 상식이, 세상이 언제나 개인의 사생활에 개입하는 사회와는 완전히 다른, 미적 감각의 기반이기 때문이다.

3
Trois

《미식예찬》은
인생의 성경

먹는다는 행위는 에로스 그 자체다. 그런 면에서 '고기구이를 함께 먹는 남녀는 사귀고 있는 게 틀림없다'라든가, '저녁 식사를 세 번이나 함께 했는데 아무 일도 없다면 그 남녀 관계는 영원히 물 건너갔다.'라는 말에는 충분히 설득력이 있다. 성욕 · 식욕 · 수면욕은 인간의 3대 욕구인데 뇌의 시상하부에서 식욕과 성욕의 중추는 특히나 더 가깝다고 한다. 채식, 육식, 육욕이란 단어는 서로 밀접하게 연관되고 '먹다'와 '먹지 않았다'는 말은 성관계를 상징하기도 한다는 상호이해가 널리 퍼져 있다. '아이, 천박해~'라고 하지 마시라.

프랑스인의 그 장대한 식사는 글자 그대로 먹는 행위만을 지칭하지 않는다. 가장 중요한 커뮤니케이션의 장소다. 인간관계가 깊어지고 남녀 관계라면 사랑이 깊어질 기회다. 그 다음으론 지성과 교양이 시험되는 공간이다. 아름다운 태도와 센스 있는 대화가 가능하다면 공과 사 두 분야에서 좋은 기회를 얻겠지만 반대로 지성과 품위가 부족한 태도, 다소 빗나간 매너를 보인다면 한순간에 그 사람의 수준은 떨어지고 만다.

프랑스에서 식사를 얼마나 중요시하는가는 1990년 프랑스에서 시작된 어린 학생들의 '밥상머리교육'만 봐도 알 수 있다. 여기에서 잠시 초등학교의 일반적인 급식을 살펴보자.

월요일: 온토레(스타터)로는 니스 풍 샐러드, 푸라(메인)로는 오리 다리 살 벌꿀소스, 데세르(디저트)로는 오가닉 요구르트.

화요일: 동일한 순서로, 미모사 샐러드(삶은 달걀의 노른자위를 고운체에 거르거나 잘게 썰어 샐러드에 얹은 것-역주), 도미와 주키니 호박그라탱, 키위 요구르트 소스 뿌림.

수요일: 반휴(半休)

목요일: 프렌치 인삼 샐러드, 연어의 타구리아텔(파스타) 채소 곁들임, 카망베르 치즈와 천도복숭아

금요일: 미네스트로네(건더기가 많은 이탈리아식 수프-역주), 부단노왈(돼지고기 피 소시지)와 매시트 포테이토, 사과 타르트

이건 학교 급식이 아니라 작은 레스토랑의 세미 풀코스가 아닌가. 물론 여기에 빵까지 곁들여진다.

또한 프랑스에서는 매해 10월 셋째 주가 일주일 내내 미각 주간으로 정해져 있다. 이때는 레스토랑의 셰프를 초대해 아이들이 요리를 만드는 사람의 마음과 즐거움을 알게 하고, '맛을 음미'하는 다양한 실습을 하거나 영양소의 밸런스를 재는 퀴즈를 풀도록 하는 등 먹는 것에 관한 다양한 이벤트가 개최된다.

브리야사바랭(Jean-Anthelme Brillat-Savarin)의 《미식예찬》은 단순히 먹는 것만을 얘기하는 책이 아니라 인생의 성경이다.

그리고 그 식사야말로, 함께 먹는 상대와 시각, 청각, 미각, 후각, 촉각의 오감에 지성과 감성을 더한 '감뇌(感腦)'='관능'을 서투르나마 공유하는, 세상 그 무엇과 비교할 수 없는 연극 무대. 즉, 프랑스 사람들에게 식사를 하는 공간과 시간은 가장 역동적인 관능문화의 무대이자 성스러운 궁전이다.

미슐랭의 별이 붙어 있지 않더라도 인테리어에 신경 쓴 레스토랑에서 셰프의 멋진 솜씨에 놀라고 기뻐하며 가게의 분위기에 맞는 음악을 듣는 경험, 전채부터 메인 디시에 이르는 맛과 향기의 하모니를 즐기는 상황 모든 것이 인생에서 단 한 번 만나는 센슈얼한 드라마다. 물론, 그 드라마의 주요 요소는 상대방과 마음이 통하는 대화일 것이다.

'먹는 모습을 보면 그 사람이 어떤 환경에서 어떻게 자랐는가를 금세 알 수 있다'고들 하는데 프랑스에서도 테이블 매너가 그 사람의 사회적 입장을 뒤흔들 만큼 중요하게 인식된다. 즉 노블레스 오블리주로서 기대되는 태도와 행동, 지성, 교양, 그리고 인간으로서의 '섹시함'이 충족돼야 하는 것이다.

테이블 매너만 갖추면 끝일까? 아니다. 특히 남녀의 '데이트 식사'는 인생의 링이고, 활극의 무대. 식사라고 하는 에로스적 공간에서 인간적인 '섹시함'이 연출되어야 한다. 여기서 말하는 '섹시함'은 센슈얼이다. 결코 육체에서만 나오지 않는다. 남성도 여성도 갈고 닦은 지성을 통해 우러나오는 감성과 다른 사람이 된 듯한 대범한 에로스, 모험 앞에서 마음이 두근거리게 된다.

'섹시함', 그 매혹적인 불가사의는 인간 존재의 중심이고 센슈얼리티다. 세계적 도시 파리에서 식사라는 작은 무대, 서로의 시선이 농후하게 교차하는 순간. 그야말로 지극히 우아하다.

4
Quatre

프랑스인은 연애에도
지우개를 쓰지 않는다

프랑스인에게 가장 중요한 이벤트는 연애다. 이들에게 사랑 없는 인생은 죽음과 같다. 남성, 여성을 불문하고 연애에 대한 적극성은 정말 놀라울 지경인데, 이들의 연애에는 나이도 상관없다. '연애하는 사람은 그 목숨이 다할 때까지 현역'이란 말이 있는데 실제로 프랑스인은 연애에 관해서라면 남녀 불문하고 '사납다'.

그런데 프랑스는 어느 한쪽이 고백해서 상대가 동의 혹은 승낙하면 그것으로 커플이 성립되지는 않는다.

그럼 어떻게? 선결조건이 적어도 두 가지는 있다.

첫째, '센슈얼리티의 상생'은 양보할 수 없다. 서로에 대한 관능의 공감이 충분히 검증되어야 한다는 의미다. 프랑스인이 상대에게 요구하는 것은 겉모습이 맘에 드는지 아닌지 따지는 것 이상으로 오감이 만족하는 센슈얼리티를 서로 공감하는가 하는 것이다. 이 개념을 향기나 페로몬의 강도에 비유할 수 있으려나? 물론 남녀를 초월한 인간으로서의 섹시함도 포함된다. 일반적으로 말하자면, 남성도 여성도 관능 표현이 풍부한 사람이 '매력 있는 사람'으로 분류된다.

파리는 '온 거리가 아무르다'라는데 결코 헛된 말이 아니다. '영악'한 여성들…. 남성들의 '관능' 가득한 시선… 센슈얼리티의 시선들이 거리 곳곳에서 교환된다.

둘째, '몸의 상생'이다. 이 '몸의 상생'이 실제적으로 연애 관계의 핵심이고 아무리 정신적인 상생이 좋더라도 몸의 상생이 나쁘면 관계가 성립되지 않음은 어느 나라 어느 민족이든 같을 것이다. 단지, 프랑스에서는 이 '몸의 상생'을 위해 '시험 프로세스'가 사회에 공통적으로 양해되어 있는 게 독특하다. 당연히 맨 처음에는 몸의 상생이 맞지 않을 수 있다. 서로 개선하며 노력하다 보면 어우러지게 되는 경우가 많지만 때로는 안타깝게도 어느 지점에서 단념하고 다음의 연애로 이행하는 케이스도 있다. 한편 남자든 여자든 어느 한쪽이 '미련이 남았다더라.' 하는 얘기도 종종 듣는데 이럴 때조차도 50대 50, 남녀의 균형이 맞춰져 있다. 이런 과정조차도 일종의 공인된 프로세스이므로 흔히들 말하는 '내가 찼다'나 '내가 차였다'라는 원망도 없는 것 같다. 또한 순애와 쾌감을 점수를 매길 수 있다면, 이 '시험 프로세스' 기간 중에는 동시 병행(양다리, 삼다리)도 일종의 프로세스로 허용된다.

'모든 성적 이상함 중에서도 가장 이상한 것이 순결이다'—아나톨 프랑스(Anatole France; 프랑스의 평론가 겸 소설가-역주)도 이렇게 말하고 있지 않은가.

정신의 상생과 육체의 상생이 확인되면 기쁘게 파트너가 (지속적인 관계) 된다. 동시에 두 사람은 행동을 항상 함께한다. '파트너 된 자가 지켜야 할 기본 법칙'에, 서로의 친구에게 '나의 최고의 파트너야'라며 자신의 애인이 얼마나 멋진 사람인지 아까워하지 말고 널리 알려야 한다는 게 있을 정도라나?

그런데 가끔 이 대목에서 문제가 생기곤 한다. '시험 프로세스'에 익숙해져 있는 프랑스인이 친구들의 모임에 커플로 참석했을 때 남자의 옛 여자, 자신의 옛 남자, 옛 여자의 옛옛 남자 등과 얼굴을 마주할 수도 있다는 점이다. 이럴 때, 프랑스 여성이든 남성이든, 눈앞에 있는 저 사람이 옛 남자이거나 옛 여자이더라도 거리낌 없이 사이좋게 대한다. 옛 남자의 현재의 여자가 자신보다 더 예쁘다면 조금 신경이 쓰이기도 하겠지만 겉으로는 쿨함을 유지한다. 이것이 프랑스식의 '풍류'(의지?)가 아닐까? 여하튼 복합가족이 당연해진 프랑스에서는 '새아빠의 자녀와 옛 남자의 자녀가 함께 지금은 재혼한 옛 남자의 친모 집에 놀러가는' 상황 등이 일상다반사인 것처럼 복잡한 인간관계를 수용하는 감성의 내성이 완성되어 있다.

또한 연애에서 결혼으로 진행되는 과정을 살펴보면 기본적으로 프랑스인은 '재산, 지위'에 상당히 무심하다. 부모도 자녀도 연애와 결혼을 할 때 상대의 백그라운드를 묻거나 유난을 떨지 않는다. 프랑스인은 비교적 순수하다. 물론 이것은 사람마다 제각각일 수 있으니 조심하길 바란다. 세실이라는 친구가 의사인 니콜라와 사귀고 있었는데 니콜라에게 대출이 있는 것을 알고는 절묘한 타이밍을 잡았을 때 헤어졌으니 말이다.

커플로 존재해야 문화적인 주체가 될 수 있다고 믿는 프랑스 사람들에게 사랑은 없어서는 안 되는 것이지만 그렇기 때문에 더욱 연애에 '절대'는 있을 수 없다고 생각하기도 한다. 오늘 사랑하고 있다 해서 내일도 사랑하고 있다 혹은 영원히 사랑한다는 것은 아니라는 뜻이다. 항상 '흔들리는 것', 그것이 사랑이다. '지금 여기', 이 한 순간을 온통 사랑해버리는 것 외에는 아무것도 없다. 한 순간 한 순간 켜켜이 쌓는 그 무엇이 커플만의 시간이 된다. 그러니 연애에는 절대적 정답이 없는 게 당연하지 않겠는가. 프랑스인은 연애를 통해 '정답이 없는 문제를 해결하는 힘'까지 키우고 있다.

몸도 마음도 상생이 좋지 않다면 커플이 안 되는 프랑스 사람들이니, 고정적인 파트너 성립까지의 길은 우여곡절이 많을 수밖에 없다. 겨우 안착한 사랑이니만큼 길게 지속하고 싶은 건 인지상정일 터. 그러나 실제로 커플은 항상 '흔들림' 속에 있다. 아무리 격렬한 연애도 때로는 그 격정 때문에 '끝'이라며 등을 보이게 된다.

연애의 끝이라. 그것은 어느 한쪽이, 아니면 둘 다 서로에게 느끼는 권태이리라.

상대에게 매력과 끌리는 부분이 없어졌다면 이내 연애 감정은 사라진다. 그러다 나중에 남는 것은 사랑하는 마음이 아니라 친애의 '정'이지 않을까. 이것이 동정에 가까워지면 영리한 프랑스 여성은 주저 없이 헤어짐의 말을 꺼낸다. 확고한 신념을 갖고 있는 합리주의자 프랑스인에게 일단 연애감정이 사라지면 상대와의 시간은 돈으로 환산되리라. 사랑하지 않는 상대와의 시간은 인생을 허비하는 것과 다름없다고 여길 테니 말이다.

그런데 어떻게 하면 '지금 여기'의 연애를 오랫동안 지속할 수 있을까. 나는 '마음의 서랍'을 몇 개씩 갖고 있기를 추천한다. 즉, 파트너가 쉽게 발견할 수 없는 마음의 심연에 매력을 저축하는 것이다. 그러려면 파트너에 대한 노력만이 아니라 자기 자신에게도 부단한 노력을 해야 한다. 여러 해 동안 함께해서 서로에게 익숙하고 친밀한 부부라도 상대에게, '어? 이건 내가 몰랐던 부분인데?' 할 만한 것을 꺼내 보이면 문득 그때의 설렘이 다시 찾아올 것이다.

또한 다양하고 많은 경험을 쌓으면 좋겠다. 경험은 힘이 된다. 과거의 교제 상대와 쌓았던 연애경험은 겹겹의 단단한 지층으로 승화되어 연애에 관한 철학자가 된다. 그리고 '지금 여기'를 힘껏 지지한다. 경험에는 우연한 만남과 사랑의 시작, 서로 사랑했던 행복한 시간, 사랑의 끝에서 느낀 슬픔까지 모두 담겨 있다. 인생은 진심으로 서로 사랑할수록 깊이를 더하는 것이니 흘린 눈물의 양만큼 슬픈 노래가 축적되고 마음도 풍요로워진다. 그러니 장난 같은 육체관계를 아무리 쌓더라도 도달할 수 없는 경지가 있다는 말이 세상에 있는 것이다. 사람을 사랑한다는 것은 자신을 사랑하는 것과 같다. '인간은 자기 자신을 사랑하는 것밖에 소유하지 못한다.'라고 말로는 《인간의 조건》에서 기록했는데, 사랑의 혜택은 이처럼 상호적이다.

그렇기에 프랑스 여성은 '지금 여기'에 모든 것을 걸기에 과거의 연애를 리셋하지 않는다. 그녀들은 연애에서도 지우개를 쓰지 않는 것이다.

5
Cinq

프랑스인의
결혼권과 결혼 제도

연애는 흔들리기 마련이다. 이 점은 프랑스 사람들에게도 다르지 않을 텐데 이들의 연애관과 결혼관은 어떤 모습일까? 프랑스에서는 사랑하는 남녀의 최종 종착지를 반드시 '결혼'으로 보지는 않는다. 파리에서 사실혼 상태의 커플이 전체 커플의 절반을 넘고 있다는 것이 그 증거다. 이른바 동거 혹은 '내연'의 관계 말이다. 내연이라 하면 '사연이 있는'이란 수식어가 붙어 부정적인 인상을 갖지만 프랑스에서는 꼭 그렇지는 않다. 우선, 프랑스에는 결혼이라는 정형적 계약이 아니더라도 결혼과 비슷한 조건과 권리를 부여한 팍스 제도가 정착되어 있다. 팍스는 결혼처럼 가문이라는 굴레에 속박되지 않고 당사자끼리 순수하게 사랑할 수 있다는 장점이 있으며 만일 어느 한쪽이 '그만 두겠다'고 하면 서명 하나로 계약이 종료되는 제도(프랑스에서 이혼할 경우, 쌍방이 합의한 경우라도 변호사를 세워서 재판소에 출두해야 하고 그에 따른 비용과 기간을 필요로 한다.)이기 때문에 결혼보다 많이 선택된다.

많은 프랑스인은 결혼부터 하는 게 아니라 우선은 관계의 의무가 비교적 낮은 팍스를 선택한다. 여러 다양한 사정 중에 팍스를 선택한 커플이 드는 가장 큰 대의명분은 '함께 있어서 기분 좋고 편안한 관계를 추구하면서 동시에 자유롭고 싶다'이기 때문이다. 여기에는 상대에 대한 보증도 책임도 없다. 단지 순수하게 '사랑'만 존재한다. 연봉, 학력, 부양할 부모 존재 유무 등의 백그라운드는 일절 고려 사항에 넣지 않는다. 여성 쪽 부모도 대단하다 할 만큼 이에 참견하지 않는다. 순수하게 '사랑'만이 남녀를 잇는 끈이 된다.

로맨틱한 '사랑의 성취'로도 보이겠지만 여기에는 결혼과는 다른 연약함과 그렇기 때문에 생기는 긴장감이 살아 있다. 편하기 때문에 함께 있는 관계는 만약 한쪽이 불편해지거나 혹은 더 사랑하는 다른 사람을 만나면 금방 무너진다. 한편, 팍스에는 결혼과 같은 사회적 보호가 보장되기 때문에 예를 들어 아이가 생겨도 결혼이라는 선택을 하지 않아도 된다. 실제로 파리에서는 혼외자가 전체에서 절반을 넘고 있다.

그런데 참 신기하게도, 관계의 자유와 사회보장 양쪽을 다 확보할 수 있는 팍스는, 챙길 게 많아 부담스러울 수 있는 결혼 제도보다 선택되는 비율이 낮다는 놀라운 현실을 알까? 팍스의 비율은 해마다 증가 추세이기는 하지만 2011년의 통계조사에 따르면 법률혼 73.1: 동거 22.6: 팍스 4.3처럼, 법률혼이 압도적 다수를 차지하고 있고 팍스는 지극히 소수다. 제도가 도입된 지 아직 몇 년 되지 않았다는 점도 있지만 결혼의 '전단계'로서 이 형태를 우선 밟다가 결혼할 때에 팍스를 말소하는 케이스가 많기 때문에 통계수치에 나타나지 않는다고도 한다.

바꿔 말하면, 아이가 태어났을 때는 혼외자이더라도 그로부터 몇 년이 지나 부모가 법률적으로 결혼을 하면 아이에게 붙어 있던 혼외자 꼬리표가 떼어지는 것이다.

미디어가 유명인의 연애사건에 관심을 나타내지 않는 것은 개인주의가 발달된 성숙사회이기 때문이라 쳐도 평생의 사랑을 오직 한 사람에게 바치는 법률적 결혼이 정통이라니, 꽃의 도시이고 사랑의 도시인 파리가 대체 왜 이럴까? 파리는 언제나 자유연애를 원한다고 믿어왔던 사람에게는 정말 김빠지는 실태가 아닐 수 없다. 팍스가 아니라 법률혼을 최종적으로 선택하는 이유를 물었더니, '구분을 짓고 싶다.' '가족이란 무게를 짊어지고 싶다.', '영원한 사랑을 맹세하는 것이야말로 의미가 있다.'라는 대답이 돌아왔는데, 어째 동양 저 끝에 있는 나라와 대답이 비슷하다.

결혼 제도에는 ①공동생활 ②부양 ③생활비 분담 ④연대 책무 부담 그리고 ⑤정절의 의무가 있다. 팍스에는 ①과 ④는 법률혼과 같고 ②와 ③ 대신 세대의 지출비용을 분담해 실업과 질병 때 돕는 상호부조의무가 있으며 ⑤가 없다.

역시! 팍스에는 정절의 의무가 없는 것이다. 이 하나로 인해 결혼 제도와의 차이는 또렷하다.

당연하다고 보면 당연한 것이, 결혼은 오직 한 사람 앞에서 서로에게 정절을 맹세한다. 엄격한 가시밭길이다. '영원'의 사랑을 맹세한다는 말은 그 나름의 각오가 필요하다는 말과 동일하다. 패션 디자이너 코코 샤넬은 '남자는 정말로 여자에게 선물을 하고 싶을 때 결혼한다.'라고 말했다.

프랑스에서는 돈 후안 같은 독신주의자보다 책임이 붙더라도 결혼한 '경력'이 있는 쪽이 '인기'가 높다고 한다. 비록 도중에 좌절했더라도 한때 영원한 사랑을 꿈꿔서 루비콘 강을 건넜을 그 결혼—바로 그런 사랑을 지금의 파트너와 나누고 사랑하고 사랑받았다는 사실은 의외로 상당히 묵직하다나.

지금의 커플들에게 여전히 받아들여지고 있는 팍스를 봐도 알 수 있듯이, 정절을 강제하는 건 확실히 과거의 유물이 되었다. 그런데 잠시 생각해 보려 한다. 정절이 의무인가 아닌가의 논쟁은 잠시 접어두고, 당사자들이 정절을 지킬 의지가 없다면 사랑과 연애의 즐거움은 대체 어디서 찾아야 할까? 외부로부터의 강제가 아니더라도 스스로가 어떤 형태로든 정한 정절의 맹세가 없는 애정은 탄산이 날아간 샴페인처럼 허무하니 그럴 바엔 입에 모래라도 넣고 씹는 편이 덜 허무하지 않을까.

에로스라는 것은 원래, 자유롭고 푸른 하늘처럼 해방감을 만끽하는 연애가 아니라 서로를 속박하고 속박 받기를 선택한 혼인 첫날밤에 비로소 꿈틀거리는 것이다.

결혼이라는 제도가 확립되기 이전부터 에로스의 역설은 인간의 유전자 깊은 곳에 심어졌다. 그래서 불륜을 '벌꿀의 맛'이라 하며 때로는 그 맛을 안 기혼자가 독신자보다 먼저 이성을 유혹하는 일이 일어나는 게 아니겠는가.

내가 사랑하는 사람의 사랑이 타인에게 점유되어 그 에로스에 손을 뻗을 수 없게 되면 내가 다시 빼앗아야 한다. 사랑을 빼앗기면 에로스도 잘려나가기 때문이다. 이중 삼중으로 삐걱대는 죄의 의식이 도착적인 즐거움을 불러일으킨다. 이것은 벌꿀의 맛이다. 그 사랑은 결코 센슈얼이라 부를 순 없지만 깊은 집착은 인생의 어둠에 스며들어 이윽고 '괴기스러움'을 만들고 그것이 성인의 '요염함'이 되어 표면에 드러난다.

불륜과 혼외자가 범람하고 자유연애와 프리섹스를 즐기는 '방탕한 나라'로 여겨졌던 프랑스는 통계조사의 결과로 보는 한, 법률상의 결혼이 존중되는 평범한 나라였던 것이다.

그런데 언제나 많은 사람들이 선택하는 안정노선을 따르고 교과서 가르침대로 움직이는 인생처럼 탄탄한 길을 걷는 게 마냥 좋을까. 그렇지 않을 것이다. 안정만을 추구하는 둔한 감각에는 낭만도 사랑도 다가오지 않는다. 인간으로서의 감수성이 돋보이는 생텍쥐페리가 말했듯이, 파트너와 같은 것을 바라보고 함께 감동하고 행복을 공유하자. 아무르는 거기에서 시작된다.

물론, 혼외자와의 생활에 문제가 아예 없는 것은 아니다. 예를 들면, 한 번 헤어져 본 사람과 두 번 헤어져 본 사람이 결혼했을 경우, 각각에게 아이가 있기라도 하면 가족구성은 복잡해진다. 프랑스에서는 이러한 출생의 사정이 '여기저기에서 돌이 굴러가는 것처럼 흔한 것'이기에 일상의 영역으로 받아들여진다.

디자이너로 일하는 로라는 전 남편과의 사이에 두 명의 아이, 지금의 남편과의 사이에 쌍둥이가 있는데 모두 함께 생활하고 있다. 로라의 남편과 동거했던 전 여자 쪽에 역시 두 명의 아이가 있고 그 여자는 현재 다른 파트너와 함께 살며 로라의 남편은 휴일이면 때때로 그 아이들을 돌보기도 한다. 로라는 "저에게는 6명의 아이가 있는 셈이에요. 우리 미래가 정말 재미있을 것 같지 않아요?" 하며 낙천적으로 웃는다. 이 정도의 배짱이 없으면 연애지상주의는 퍼져나갈 수 없을 것이며 이런 배짱이야말로 다양성을 키우는 힘이 아닐까 싶었다.

'결혼' 하니 생각났는데, 70대 후반의 프랑스 커플의 결혼식에 참석한 적이 있다. 그 커플은 30년 남짓 사실혼 상태이고 손자까지 있었다. 도대체 왜 이 타이밍에 결혼하는 걸까 하며 궁금해 하던 차에, 여성에게 말기 암이 발견되어 몇 개월 남지 않았다는 진단이 있었기 때문이라고 했다. '함께 무덤에 들어가기 위해서 이 생에서 일단락 짓고 싶다'가 지금에야 결혼하는 이유라고. 부연하자면, 진정한 부부라는 것은 '무덤에 함께 들어갈' 각오를 변치 않고 계속 갖고 있을 수 있는가가 그 기준이 되는 것임을 깨달았다.

신부는 새하얀 웨딩드레스를 입었고 손자가 면사포 끝자락을 살포시 들고 있었다. 그것을 보고 '결혼'이란 무엇인가, 남녀의 영원한 사랑은 과연 무엇인가를 마음속 깊이 진지하게 생각했다.

일본 사회에는 상대의 연봉이 적기 때문에 결혼할 수 없다는 여성이나 가족을 부양할 재력이 없기 때문에 결혼은 생각할 수 없다고 나약한 말을 하는 남성도 꽤 된다. 현실의 안타까운 사정인 것은 틀림없지만 정말로 사랑을 하고 싶다면 함께 일을 해서라도 사랑을 선택하겠다는 진지한 결심을 해야 하지 않겠는가? 그리고 국가는 이러한 사랑이 가능하도록 적극적으로 보조해야 하며 그러면서 팍스 같은 별도의 선택지를 만드는 것도 고려해야 한다.

6

Six

부부는 서로를
'아빠', '엄마'라고
부르지 않는다

프랑스에는, 특히 파리 같은 도시에서는 더욱 더 사실혼 관계에서 아이를 낳아 키우고 있는 커플이 많다. 아이 입장에서 보면, 아빠와 엄마는 혼인관계에 있지 않고 이른바 '계속 연애 중'이다. 나쁘게 말하면 언제 두 사람이 헤어질지 알 수 없는 노릇이다. 그런 위태로움으로 불안정한 관계가 프랑스 가족이다.

하지만 그 불안정 때문에 더욱, 게다가 연애에도 꼭 필요하다고 이미 밝힌 '지금 여기'라는 애틋함이 강하다. 서로의 마음을 존중하는 관계가 존재한다. 서로의 차이를 이해하고 서로를 보듬는 마음으로 대하는 관계는 센슈얼 그 자체다. 매일이 관능의 연속이니 가정은 언제나 신선한 자극이 흘러넘친다.

프랑스 법률에 이혼은 반드시 재판소를 통해야 하기 때문에 많은 수고가 필요하다. 하지만 외도 사실이 수면 위로 드러났을 때는 수고스럽더라도 서로가 어른답게 청산을 한 뒤 각자의 인생으로 사는 게 여기서는 보편적이다.

한편, 프랑스인 부부나 커플은 아이가 생겼다고 해서 여성이 남성을 '아빠'라고 부른다거나 남성이 여성을 '엄마'라고는 절대 부르지 않는다. 즉, 아이가 생겼다고 해서 아이 입장에서 상대방을 부르지 않는다는 말이다. 프랑스의 커플은 아이가 생겨 엄마 아빠가 되어도 예전의 진한 러브 모드는 조금도 변하지 않는다. 만일 부인이 남편 혹은 파트너를 '아빠'라고 부르면, 남자는 단박에 "농, 나는 짐승이 아니야"라고 하거나 "내 자식이라면 에스프리를 잘 알고 있을 텐데"라며 부인의 입술을 지그시 누른다. 물론 입술로 말이다. 아이가 보고 있는 앞에서.

사랑이 있는 가정이란 '연애 생활을 지속하는 아빠와 엄마가 존재함'이 암묵적 전제다. 그 안에서 아이들은 아무르가 무엇인가를 뇌에 새기면서 어른이 되어 간다.

낭만파 음악을 들으면 알 수 있듯이, 낭만은 흐드러지게 핀 꽃과 미친 듯이 불어대는 비바람, 눈이 빙글빙글 도는 집채만 한 파도가 덮쳐야 드라마틱하고 멋진 그림도 된다. 그리고 사랑이란 것도 일종의 모험이고 우연한 만남은 비일상으로의 도약이다. 한편, 그런 두 사람이 하나로 묶인 후의 결혼생활은? 매일이 사건과 사고의 연속이라면 오히려 참을 수 없을 것이다. 일상이란 것은 평화이고 안정이며 아무 일도 일어나지 않는 평온한 생활의 연속이어야 하기 때문이다. 그렇기를 바라기도 한다.

그렇다면 '연애를 지속하는 아빠와 엄마'라는 것은 미션 임파서블에 가깝지 않을는지? 일상과 비일상의 '일상적 충돌'일 테니 말이다. 아이가 생기면 그때부터는 말 그대로 카오스다. 그렇기 때문에 남편도 부인도 슈퍼맨과 슈퍼우먼이 되는 게 아니겠는가.

아빠이고 엄마이면서, 남성이고 여성임을 유지하는 게 그만큼 중요하다. 아빠이고 엄마인 것은 살아 있는 생물로서 당연히 해야 할 책무이지만 슈퍼맨이 되고 슈퍼우먼이 되는 것은 사람임을 증명하는 것이며 눈부시게 센슈얼하다. '슈퍼'라지만 솔직히 말하자면 완벽하지 않다. 육체는 시간과 공간의 제약을 당연히 받는다. 단지 의지가 가리키는 방향이 '슈퍼'를 향하는 것만으로도 행동과 결과는 다르게 나타난다.

앞서 70대 후반의 프랑스인 커플의 예를 다시 들 것도 없이, 진정한 의미에서의 남성현역이란 '평생토록 사랑하는 사람에게 가까이 다가가는 끊임없는 애정과 사랑, 힘'을 의미하는 것이리라.

〈육체의 악마〉나 〈적과 흑〉으로 한 세대를 풍미하다 요절한 배우 제라르 필립(Gerard Philipe)을 기억할는지 모르겠다. 그의 부인이자

175

문학적 재능이 풍부했던 안느 필립이 쓴《한숨지을 때》는 주옥같은 언어의 향연이다. '나'와 '당신'과 '우리들'로 표현된 철학적인 관계성만이 가득할 뿐 두 사람의 아이에 관한 것은 전체 속에서 겨우 몇 페이지밖에 적혀 있지 않다. 말기 암으로 투병하는 남편을 두고 '사랑하는 남편의 육체가 이 세상에서 사라지고 있는 비극'을 상상하고 아름다운 남편의 옆얼굴을 바라보며 더블침대에 잠드는 부인이라니…. 안타까우면서도 관능적인 부부생활이 아닐 수 없다.

'언제나 나를 향하며 언제까지고 사라지지 않는 저 미소를 위해서라면 나는 세상 모든 사람들에게 거짓말을 하라고 시켰을 것이다'

타성적인 일상에서, 비록 여기까지 추구하는 것은 어렵겠지만, '언젠가 반려자가 이 세상에 존재하지 않게 되는 슬픈 (사람에 따라서는 즐거움?) 망상'을 하면서 둘이 함께하는 기적에 감사하며 살아가고 싶다.

7

Sept

'남녀 고용 기회 균등'에
대하여

오늘날의 세계는 '남녀 고용 기회 균등'이 법제화된 이후 30여 년이 지나면서 대체적으로 정착되고 있는 것 같다. 남권주의가 완고하게 저항한 면이 없지 않았지만 앞으로도 여성의 사회적 활약은 세계 속에 점점 확대될 것이다. 정말 멋진 일이 아닐 수 없다.

세계적인 추세 속에서 일본도 '모성 보호를 전제로 하지만 여성이라는 이유로 직종과 직무의 기회를 방해받아서는 안 된다'는 '남녀차별의 시정'이란 관점에서 남녀 고용 기회 균등이 법제화되었다. 그러나 근본적인 의식 개혁까지 함께 동반되어 진행됐다고 할 수 없는 게 함정이다. 기업도 정치도, 종합직·일반직이라며 새롭게 마련된 형태상의 직종분리를 통해 직장에서의 남녀 기회 불균등을 여전히 유지하고 있기 때문이다. 바꿔 말하면, 어째서 남녀 고용 기회 균

등을 추진해야 하는가를 본질적으로 깨닫지 못하고 단지 여론의 손
가락질에 떠밀려 만드는 흉내만 냈을 뿐이다. 물론, 일본에도 매우
뛰어난 능력으로 사회의 중책을 담당하고 있는 여성이 많이 있다.
그들은 선천적으로 갖고 태어난 능력에다가 남성의 몇 배나 되는 노
력을 기울여서 '기회 균등'이라는, 원래 있어야 마땅한 환경을 만드
느라 개별적으로 끈질기게 살아왔다.

이렇게 된 배후에는 남녀의 '기회 균등'을 강조하고 주장했던 미
디어가 현실에서는 남녀의 차이를 더 키워서 '여자는 남자를 잘 내
조해서 사랑받는 게 순리이고 그게 마땅하다'라는 영악한 프레임을
퍼뜨린, 이른바 미디어의 역설이 만연해 있기 때문이다. 그래서 남성
우위에 대한 비판정신이 빈약하며 성차별을 확실히 인식하고 서로를
존중해야 한다는 발상이 미흡하다. 그런데 생각해 보자. 트렌스젠더
등 일부 예외를 제외하면, 여성은 남성이 될 수 없으며 남성은 여성
이 될 수 없다. 성은 부여된 것이기 때문이다. 이런 전제에서 남성 우
위 사고를 흔들고 사회적 성(性)과 능력 등에 따라 최적의 환경을 설
정하는 것이 '남녀 고용 기회 균등'의 조건이 되어야 하지 않겠는가?

때로는 여성이 토목작업과 대형차량 운전 등 여성이라는 특성에
익숙지 않은 일을 해야 할 때가 있다. 기회의 균등이 문자 그대로 운
용된다면 여성도 사회적 자원인 만큼 그러한 분야에 충분히 배치될
수 있고 여성 쪽의 자발적 선택도 있을 수 있다는 게 저들의 논리이

기도 하다. 그러나 선택의 자유라고 하면서도 암묵적으로 강제하는 경우도 없지 않을 것이고 이럴 경우, 종래의 '육체노동'과 '중노동'은 여성의 신체능력에 따라 재조정·재배치되어야 한다고 생각한다. 그러나 일본의 고용주들은 이 점을 제대로 깨닫지 못하고 있는 것 같다. 이에 반해 프랑스에서는 2011년에 고페 짐메르망(Loi Copé-Zimmermann) 법 쿼터제가 도입되어 기업의 여성 간부 고용 의무비율이 정해졌다. 이처럼 결정권을 행사할 수 있는 여성이 늘어나면 조직이나 운용방식이 변할 것이고 회사 및 사회 환경도 (곱절로) 빠르게 변할 것이다.

프랑스 사람들은 사회관계라는 중심축에 남녀관계가 어떻게 배치되고 이루어져야 하는지의 구상이 함께 고려되고 있다. 프랑스인은 어렸을 때부터 예절과 매너를 실생활 속에서 배운다. 남자에게는 철이 들었을 때부터 레이디 퍼스트가 주입된다. 여성도 남성과 대등한 사회성을 충분히 발휘할 수 있도록 지성과 매력을 어렸을 때부터 배워나간다. 여기에는 서로를 존중한다는 이념도 살아 숨쉰다. 여성도 단지 사랑받는 것에 집중하는 것이 아니고 적극적으로 사랑하는 자세를 익힌다. 미 퍼스트 이념으로 바꿔 말한다면, '자신을 보다 존중하고 많이 사랑하라.'인 것이다. 사람을 사랑하는 건 생명의 힘 그 자체이고 사회의 시작이기도 하다. 이것은 상대의 마음을 조종하는 듯한 치사한 노하우나 컵 속의 태풍을 어떻게 다루면 내가 잘 모면

할 수 있을까로 끝내는 것과는 결단코 다르다.

상대방에게 그저 잘 보이려 하는 게 아니라 서로가 자립된 존재로서 애정을 갖고 서로 존중하는 것 – 이것이 생명력 넘치는 성숙한 사회의 초석이 될 것이다. 어려운 일이 아니다. 사회라는 글자를 뒤집으면 회사가 되듯, 그저 바꾸면 된다. 성차별을 올바르게 인식하면서 최적의 자원 배분을 상호 양해하면 당연히 직장 내 휴머니티가 울려 퍼지고 나아가 평화로운 윈윈 효과도 생기지 않겠는가.

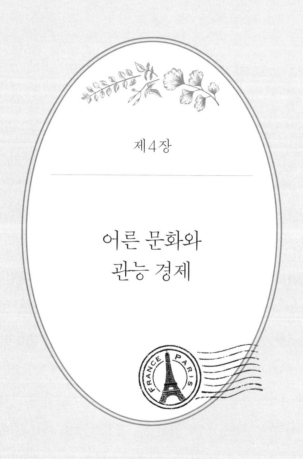

제4장

어른 문화와
관능 경제

1

Une

프랑스 경제를 지탱하는
커플 문화

프랑스 사람들의 인생관에서 뿌리라 할 수 있는 '관능 지향(센슈얼리티)'을 다시 살펴보려 한다. 이 관능 지향을 다면적으로 해석하고 다양한 현상과의 관계를 살피면 프랑스, 특히 관능 도시의 제왕인 파리가 무슨 까닭에 그 옛날부터 지금까지 어떻게 세상 사람들을 유혹하는지 이해할 수 있을 것이기 때문이다. 경기 부진, 이민 문제와 치안, 최근 수년간은 테러의 위험까지 일상 안으로 버젓이 들어왔는데도 여전히 파리를 무릉도원이라고 할 수 있을까? 게다가, 여기저기쓰레기가 가득한 지하철, 가게 점원들의 불친절은 또 어떤가. 이렇게 옛 명성이 무색해졌는데도 오늘날에도 파리가 여전히 매력적인건 왜일까? 말할 것도 없이, 성당과 역사적 건축물이 즐비한 거리의독특한 아름다움 때문이 아닐까 하는 생각이 가장 먼저 떠오를 것이다. 그렇다면 정신적인 면에서는 어떤 매력이 있을까?

그건 바로 관능의 배후에 있는 에로스 즉, 사랑이 가득 찬 공간에서 '미래'가 만들어지고 있다는 점이다. 구체적으로 말하자면, 프랑스 사람들은 EU 연합국 중에서도 다른 나라보다 뚜렷하게 아이를 많이 낳는 나라다. 그랬던 것이다! 프랑스 파리는 사랑의 요람이었다.

사랑의 요람인 프랑스에서는 혼자가 아닌 '커플'이어야 인간답게 잘 사는 것이라 여긴다. 예를 들면 이렇다. 프랑스인이 어렸을 때부터 길러온, 정답이 없는 문제를 고민해 보던 사고의 습관과 언어에 관련된 엄밀한 규칙은 개인이 다른 사람과 살아가는 공공성의 기반이 되고 있다. 이와 같은 사고 습관과 정교한 언어라는 두 가지 요소는, 커플(상대방이 되는 타인)이 되기 위한 필수 과목이고 프랑스의 성숙한 '어른 문화'는 이런 커플들 덕분에 성립된다고 해도 과언이 아니다.

실제로 프랑스의 어린아이들을 보면 이성 · 동성에 관계없이 사이좋게 두 명씩 짝지어 있는 걸 자주 목격할 수 있다. 그러다가 리세(고등중학)에 갈 때쯤 돼야 그룹으로 무리지어 행동하는 경향이 두드러진다. 어쨌든 어렸을 때부터 '2인'으로 행동하거나 대화하는 것을 반복하다 보면 관계의 시작은 커플(상대방이 되는 타인)이 기본이란 생각이 만들어질 수밖에 없다. 그룹으로 있을 때는 그렇지 않을 테지만 단 둘이 있으면 관계에 대한 인식은 깊어질 수밖에 없고 사람에게 상처받을 때도, 사람 때문에 기쁠 때도 그 경험 강도는 강해질 것이다. 때로는 몽테뉴와 라보에티(Étienne de La Boétie)처럼 평생을 좌우하는 우정이 생길 수도 있다.

이는 관계 속에서 상처를 입을 수 있다는 리스크를 자신도 모르게 회피하려는 현대 일본의 집단 교제에서는 결코 경험해 볼 수 없는 대단한 경험이다.

우리 사회가 비혼화 시대, 솔로 사회라 불린 지 꽤 됐는데 그 원인 중 하나가 '편의점의 보급'이라고 분석한 기사를 읽은 적이 있다. 아니, 이건 너무나 쓸쓸한 얘기가 아닌가? 우리는 도대체 무엇을, 어떤 가치를 결혼 및 결혼 상대에게서 찾겠다고 이렇게 헤매고 있나?

일본인은 성인이 된 후에도 부모에게 의지한다. 조직과 집단 내에서는 언제나 분위기를 파악하지 못할까 봐 두렵고 튀는 사람이 되지 않도록 조심히 살며 강한 것에 굽히고 약한 것에게는 고압적으로 행동한다. '나는 그냥 나야'로 승부하는 '개인주의'가 아직 뿌리내리지 않은 우리에게는 결혼은커녕 진정한 사랑조차 어려울지 모른다. 자유라는 것은 내 짝이 되는 사람에 대한 책임감과 사회적 위치에 따른 책임감이 힘겨루기를 하는 힘든 여정이기 때문이다.

편의점에 기능적으로 의존하는 것과는 상관없이, 원래부터 남성이든 여성이든 한 사람의 개인으로 자립해서 산다는 게 결혼의 전제

조건임을 알기나 할까? 그렇게 자립한 남녀가 서로 사랑하고 사회 관계 안에서 그 사랑의 지속을 깨달으면 다른 사람들에게 두 사람의 관계를 공식화한다. 그런 과정에는 이에 상응하는 결단도 필수일 것이다. 막스 피카르트(Max Picard)가 《흔들리지 않는 결혼》이라고 부른 까닭이 여기에 있는 것처럼 말이다.

프랑스인에게 사랑이 없는 인생이란 생각조차 할 수 없는 일이다. 커플 문화는 관능 경제의 기반이고 씨앗이다. 그리고 성장해가면서, 에로스와 자립적인 개인 그리고 공공성이 서로에게 다이내믹한 영향을 주고받는 풍요로운 낙원을 만들어 갈 것이다.

2
Deux

센슈얼리티가
경세 활동의 기준

2016년 여름, 나는 나이로비에서 개최된 제6차 아프리카 개발회의 일정보다 조금 먼저 도착해서 케냐에서 사파리를 했다. 공항에 내리자마자 내 시야에는 압도적으로 많은 중국 사람들이 들어왔다. 파리 거리에서도 차츰 익숙해지기 시작한 그 인파는 이제 아프리카 대륙도 석권하고 있는 것 같았다. 거리에서, 숙소에서, 사파리의 사바나에서, 모든 장소에서, 우리까지 덩달아 '니하오?'라는 인사를 들을 지경이었다.

철도교량의 기반공사 현장에서는 모래먼지를 뒤집어쓰고 일하는 사람들이 보였다. 그런데 내 시선을 오랫동안 붙잡은 것은 공사장 뒤로 보이는 간체자로 쓰인 특대 사이즈의 붉은 간판이었다. 예상치 못하게 이 거리에서 차이나 머니의 인프라 투자 공세가 얼마나 압도적인지 온몸으로 본 것 같았다.

가족 단위로 보이는 인도인 관광객들도 중국인들에 버금갈 만큼 많아서 관광객의 70% 이상을 차지하고 있었다. 두 나라의 인구를 합하면 24억 명을 상회한다는데, 말 그대로 '국가의 세력', 즉, 국가의 야성이 글로벌 세계에서 아프리카, 사파리에도 미치고 있었다. 사파리에 있는 야생동물을 보고자 케냐에 갔던 우리들은, 글로벌 세계에서 야성을 떨치고 있는 또 다른 모습을 맞닥뜨렸던 것이다.

한편, 사파리에서는 거의 볼 수 없었던 일본인은 대체 어디에 있는 걸까. 저출산 고령화가 가속되고 초식남자가 많아져서 그런가? 인구도 감소 중이니 저 중국과 인도의 파워에 압사되더라도 어쩔 수 없다는 건가? 글로벌 세계의 치열한 경쟁 속에서 앞으로 일본은 어떻게 될 것인가? 인구가 보존되지 못한다면 고부담 고복지를 실시하는 북유럽과 스위스 같은 강소국이라도 될 수는 있을는지? 아프리카의 사파리에서, 생각지 못한 이런 불안이 머릿속을 휘저었다.

일본 여행객은 거의 없는데 도로는 일본 차들이 대부분을 차지하고 있다. 이 대조적인 풍경은 우리 산업이 나아갈 방향에 중요한 힌트를 던져주고 있다. 즉 양으로써가 아니라 질에 의한 엘레강스한 야성으로의 회귀가 필요한 것이다.

센슈얼은 다종다양한 형태로 표현된다. 생활 스타일과 위트 있는 대화, 몸가짐, 아무르를 추구하는 패션 등등. 그러나 이것만으로는 이 글로벌 세계의 절반, 다시 말해 소비와 자기표현밖에 차지하지 못할 것이다. 나머지 절반, 즉 물건(상품)을 개발하고 제조하여 시장에 공급하는 모든 생산 과정이 충족돼야 한다. 이때 센슈얼리티가 공급자 측의 경제 활동과 결합해야 비로소 완전한 형태로 완성될 수 있다.

하이데거가 사랑했던 휠덜린(프리드리히 휠덜린: Friedrich Holderlin-역주)의 시를 인용하겠다.

'신들은 시인과 동일하게 상인을 사랑했다. 지상의 행복을 균등하게 배분하고 멀고 가까움을 하나로 연결했던 그를'(《에게해》에서)

글로벌한 세계에서 소비는 점점 고도화하고 있다. 일반적인 효용성만으로는 시장의 니즈를 더 이상 충족시킬 수 없다. 예술적 센스와 장인의 솜씨 중에서 사람들의 오감을 자극할 수 있는 것을 뽑아내 다양한 감정과 감성에 호소하는 최적의 상품을 만들어 제공해야 한다.

지속적인 경제행위는 시장에서의 부가가치 창출과 불가분의 관계다. 센슈얼이 '관능 경제'의 핵심 역량이고 다양한 비즈니스의 새로운 기준이 될 것이 틀림없다.

3

Trois

휴가는 힘껏 일한 후에야
즐기는 것

프랑스에서는 1년에 5주간의 유급 휴가와 주 35시간 노동이 기본이다. 경제관찰연구센터(Coe-Rexecode)에 의하면, 2015년 프랑스인의 연간 평균 근로 시간은 1,646시간으로 EU 28개국 중에서도 최하위를 기록한다. '프랑스 사람은 한 달의 바캉스를 위해 열한 달을 일한다'는 말은 세계적으로도 유명하다.

프랑스 사람들은 백이면 백, 업무와 노동은 '살아가기 위해 좋든 싫든 하지 않으면 안 되는 강제된 고통'이라 인식한다. 조직을 위해 자기희생이 미덕이라는 전통, 그런 건 아예 없다.

프랑스에도 뛰어난 재능과 적성으로 삼시 세 끼보다 일이 좋은 한 무리의 사람들이 있다. 그들은 바로 그랑제콜 출신의 엘리트층인데 관리직 커리어라고도 불리며 월급은 다른 사람의 세 배다. 이들은 열정으로 똘똘 뭉쳤으며 가족보다 일을 우선시하고 맹렬히 일한다. 관리직과 의사, 변호사 등 이들이 주로 진출하는 자유업에는 노동시간 주35시간제 제한이 없다. 앞에서 말한 경제관찰연구센터의 통계에 따르면 자유업에서 일하고 있는 프랑스인의 연간 평균 노동시간은 2,335시간이고 이는 EU평균보다 40% 이상 많다.

이런 사람들 덕분이 아니더라도 일반적인 프랑스 근로자의 노동생산성은 1시간 당 65달러로 1위를 기록한 미국의 뒤를 바싹 추격하고 있다. 일하는 시간은 짧은데도 국내총생산(GDP)은 세계 제6위라니 이게 무슨 뜻일까? 그건 아마도 근무 시간 내에 업무를 완료해서 업무 효율을 높이고 일이 끝나자마자 지체 없이 퇴근하기 때문이리라.

프랑스의 제도 중 가장 부러운 것은 바로 3~4주나 되는 장기휴가, 바캉스일 것이다. 예를 들면, 프랑수아즈 사강(Françoise Sagan)의 《슬픔이여 안녕》같지 않을까 싶다. 나도 읽었는데 미열로 인한 나른함과 생리 때문에 느껴지는 불쾌한 묵지근함이 교차했던 그런 느낌이 기억난다. 바캉스의 원래 의미는 '텅 빈'을 의미하고 영어로는 Vacant이다. 예전 유한계급이 있던 시절에, 부자가 하는 일 없이 멍하니 있는 모습을 나타낸 것이라 한다.

헨리 제임스(Henry James)의 《데이지 밀러(Daisy Miller)》에서는 바캉스 시즌의 파리나 로마의 풍경을 'dead season'이라고 표현했다.

별이 반짝이는 레스토랑도 동네 부티크(고급 기성복·장신구 등을 파는 소규모의 전문점-역주)도 휴가라서 거리는 한산하다. 거리에는 바람에 굴러가는 빈 깡통의 소리만 공허하게 울려 퍼지는 풍경 같은 것 말이다.

그리고 영화로는 이런 것들이 있다. 여행지에서 골드미스와 기혼자의 비극적인 사랑을 그린 〈여정〉, 고다르(Jean-Luc Godard, 프랑스의 영화감독-역주)의 전위적인 예술작품인 〈경멸〉, 소년에 대한 아련하면서도 절망적인 사랑을 그린 〈베니스에서 죽다〉, 두 번 다시 돌아갈 수 없는 소년 시대에 대한 동경을 그린 〈스탠바이 미〉 등 비일상적인 바캉스는 아방튀르(모험)로의 유혹이기도 하다.

바캉스가 텅 빔이란 뜻이고 하는 것 없이 멍하니 있다는 말이 어쩌면 그리 딱 들어맞는지! 프랑스 사람들의 바캉스는 관광명소나 각지의 축제에 참가하기 위해 서둘러 몰려다니거나 고향에 돌아가 옛 지인들과 여기저기 돌아다니는 그런 분주함이 아니다. 어딘가 한 장소에 머물면서 유유자적 '아무것도 하지 않는 자유'에 푹 빠진 것처럼 보낸다.

학창시절 때는 여름 방학인데도 숙제를 듬뿍 내주며 '여름을 제압하는 자가 시험을 제압한다.'라며 채찍질하던 선생님보다 '여름방학에는 머리를 텅 비워내고 가을을 준비하자'라고 했던 선생님이 좋은 선생님이지 않았던가? 긴 휴식은 정신과 육체를 재충전하는 효과가 뛰어날뿐더러 뭐든지 째깍째깍 바쁘게 돌아가는 분위기도 근본적으로 리셋해 줄 것만 같다. 무엇을 해도 되는 자유보다 아무것도 하지 않는 자유 쪽이 확실히 개성(personality)을 갈고 닦는 데도 소중하리라.

국민 감성의 일치, 아무것도 하지 않는 자유, 그렇게 해서 바캉스의 '텅 빔'… 이런 것들을 계속 생각했더니 반야심경의 '색즉시공'이란 구절이 불현듯 떠올랐다. 색즉시공, 공즉시색― 모든 형태가 있는 것의 본질은 실체가 없는 것이고 세상에 존재하는 모든 사물은 텅 빔이다. 사물은 까닭과 인연에 의해서만이 존재하고 설령 가상이더라도 영구불변의 실체는 존재하지 않는다. 이 대승불교의 원리와 호응하는 것은 니힐리즘(허무주의)이 아니라 철저한 인격주의(personalism)라고 생각한다. 인격주의는 개인적으로는 인격의 육성, 인간으로서의 성장·교양의 심화이고 사회적으로는 자유·평등의 존중일 것이다. 가족이 함께하는 시간을 즐기고 가사와 육아를 통해 파트너와 공감할 기회를 늘리는 것은 풍요롭고 성숙한 센슈얼한 문화를 스스로 만들어 내는 힘이 되지 않을까.

바캉스는 센슈얼을 함양할 장소일지도 모르겠다는 생각이 들었다. 정말로 아무것도 하지 않을까? 농. 아무르만은 건재하다. 할 것은 하고 있다. 프랑스에서는 갑작스런 이별 선언으로 인한 연인간의 비극이나 부부간의 균열은 이 바캉스를 함께 보내지 않았기 때문에 일어난다는 인식이 퍼져 있다. 바캉스는 모험심을 불러일으킨다. 역시 농후한 커플 문화를 가진 프랑스는 바캉스마저 관능 경제의 성숙과 전개의 공간이기도 했던 것이다.

4
Quatre

아이들에게 어른은
동경의 대상

프롤로그에서도 살짝 밝혔는데, 프랑스는 '어른이 중심인 사회'다. 모든 것에서 어른이 우선이다. 어른이 아이를 너그럽게 봐 주지 않는다. 어른과 아이 사이에는 명확한 '경계선'이 있다.

아이를 키우는 기본은—오해가 일어나지 않도록 표현한다면—'동물'에 가까운 존재인 아이를 '인간' 사회에 적응시켜 가는 여정이라 할 수 있다. 그러기 위해서는 제멋대로 굴게 놔두는 것은 금지다. 마땅히 해야 할 타이밍에서 올바른 태도를 가르칠 수 없다면 장차 분별 있는 어른을 바랄 수 없을 것이다.

프랑스의 부모는 결코 아이를 봐주지 않는다. 아니, 최근에는 '너그럽게 봐 주는 부모'가 늘었다고 한탄하는 50세 전후의 세대도 많아서 정확하게 다시 표현하자면 '옛 프랑스의 부모는'이라는 전제가 들어간다.

프랑스에서는 밤에 젖을 먹인다며 엄마가 아이 곁에 붙어서 자거나 아이를 가운데 두고 부부가 떨어져 자는 일은 없다. 부부 별실이 아닌 아기 별실은 프랑스만이 아니라 서양 세계의 주류 문화이기도 하다.

프랑스에서 동거 중인 남녀 사이에 아이가 생기면 가장 먼저 하는 게 있다. 바로 아이 방을 확보하는 것이다.

아기라면 우는 게 전매특허라지만 무엇을 어떻게 해도 부모가 해줄 수 없는 사태가 오면 아기는 어느 순간에는 울음을 그칠 수밖에 없다. 만일 이런 상황을 실현시킬 주택 사정까지 해결된다면 규칙은 지체 없이 실시된다. 바로 밤 10시부터 아침 6시까지는 '부부의 시간'으로 정하기만 하면 끝이다. 중간에 깨어난 아기가 울어도 부모는 들여다보지 않는다. 울다 지친 아기는 다시 잠들고 그러면서 아기는 낮밤의 리듬을 익힌다.

선물로 받은 것을 먹을 때도 이와 같다.

할머니, 할아버지, 엄마, 아빠, 그리고 아이들 순서가 된다. 연장자 순서에 레이디 퍼스트까지 거쳐야 한다. 이렇듯 서양의 레이디 퍼스트를 따르면 동양의 유교 도덕과도 통하는 면이 있다.

프랑스에서도 어린이는 '나라의 보석'이 틀림없지만 금이야 옥이야 어르고 달래야 한다는 개념이 없다. 사회에서도 가족에서도 사회를 짊어진 어른과 연장자가 존중받는 게 당연하다고 여긴다.

더욱이 분별이 아직 없는 아이에게 근거 없는 '자신감'을 갖게 하는 것도 바람직하지 않다고 여긴다. 그렇게 하면 가장 중요한 '정신'이 망가지는 걸 경험상 알고 있기 때문이다. 그렇기 때문일까, 프랑스에는 '어린이의 날'도 존재하지 않는다.

자녀가 미워서 프랑스 부모가 그렇게 하는 게 아니다. 자녀보다 자신을 우선하는 마음은 다소 있을지 모르지만 (이것이야말로 미 퍼스트) 결코 아이에게 무관심하지 않다.

이전에 봤던 여성지의 앙케트에서 15세부터 70세까지의 프랑스 여성에게 가장 중요한 것은 무엇인가라는 질문이 있었다. 역시 단독 1위는 '자녀'였다. 평소 부모와 아이가 하는 스킨십도 문화의 차이를 감안하더라도 아이를 훨씬 많이 안아주고 뺨에 하는 공중키스를 거리에서 자주 볼 수 있다. 첫 번째로 아이를 위한 것이 정말로 무엇인지 생각하기 때문에 그야말로 엄격하게 대하고 있는 것이다.

이러한 부모 곁에서 자란 아이들에게는 어떤 감정이 싹틀까? 그건 바로 '어른에의 동경'이다. 예를 들면 이런 경우다.

프랑스에서는 부모가 소와레(밤의 연회)에 갈 경우, 대개 아이는 데려가지 않는다. 나이 차이가 나는 형제자매나 적어도 베이비시터와 함께 집에 두고 간다. 아이는 엄마가 뿌린 향수의 잔향을 맡으면서 담요를 둘둘 감고 잠긴 현관문을 노려보면서 잠이 든다. 마르셀

카르네(Marcel Carné)의 영화와 사강(Françoise Sagan)의 소설에 종종 등장하는 장면이다. 어른만 가는 문 저쪽에는 어떤 멋진 세계가 기다리고 있을까. 상상을 키우면서 아이는 성장한다. 상상력은 그런 식으로 함양되는 것이다.

이렇게 해서 프랑스의 아이들은 어른의 세계를 동경하며 성장한다. 아무리 부모, 특히 엄마가 나를 사랑해도, 내가 끼어들 수 없는 '어른의 시간', '어른의 사정'이 있음을 체감해 가는 것이다.

이전에 없던 저출산 시대가 지속되고 있다. 즉 남녀의 에로스 전압이 점점 낮아지고 있다. 이런 때 정말로 아이를 소중히 여긴다면 아이가 제멋대로 굴게 내버려둬서 정신적 성장은커녕 어린 상태 그대로 있게 해서는 안 된다. 그들이 고혹적인 세계로 발을 들여놓도록 유혹하고 훈련해야 한다고 생각한다. '인생 중에서 어렸을 때가 가장 즐거웠다'라는 말이나 하며 회상에 빠지는 어른은 그야말로 유치하고 외롭지 않겠는가.

인생의 즐거움은 어른이 되어야 비로소 맛볼 수 있는 것이다. 인간으로서의 성숙한 즐거움을 아이들에게 알려주는 것 또한 어른의 책임이다. 아이들이 빨리 어른이 되고 싶다고 가슴 떨며 기대하는 사회는 그것만으로도 밝은 미래를 약속하는 사회가 아닐까.

프랑스의 부모와 자식은 식탁에서 어떤 대화를 나눌까? 예전 대통령 선거에서 '만일 우리에게 투표권이 있다면…'이라며 소란스럽게 토론했던 테이블은 아빠가 카메라맨, 엄마가 저널리스트인 초등학생과 중학생 형제들이었다. 또한 변호사인 아빠와 리세에 다니는 17세의 아들은 미래의 미국과 정치적 문제, EU 경제의 행방에 관해 2시간은 평범하다는 듯 이야기를 나눴다.

이들은 이렇게 하는구나 하고 감탄하고 있는데 이런, 반전이 일어났다. 앞서 말한 그 아빠는 아들이 슈퍼마켓에서 사온 오드투왈렛의 향기가 맘에 들지 않았는지 "싸구려 같은 이 향기는 뭐야. 그거 뿌리는 동안은 여기에 오지 마. 윽, 나한테 가까이 오지 마"라며 진심으로 화를 내는 게 아닌가. 불합리해도 괜찮다. 키워주고 있는 어른의 감정이 최우선이다 하듯 말이다. 이 얼마나 위대한가. 이 또한 하나의 미 퍼스트일 것이다.

이전에 국내 공익광고를 본 적이 있는데, 끼어드는 행위를 하는 일련의 무리에게 아이가 이렇게 말을 해 화제가 된 것이다. '그래도 어른입니까?'

대다수는 공감한다는 코멘트였는데, 솔직히 나는 부끄럽고 창피했다. 아이에게 질문을 받은 어른이라니? 그리고 그 질문에 솔직하게 공감하는 대중은 또 뭔가? 이래도 되는 건가? 우리 사회의 미숙함이 그대로 드러나서 창피하지는 않고?

게다가 이것은 사회의 근원과 관계되는 일이기도 한데, 어쨌든 우리가 가족의 연대책임이 강한 사회라는 것은 맞다. 그러나 이렇게 생각해 보자. 아이는 시간이 아무리 흘러도 언제까지나 부모의 것이라는 인식이 강하면 자아가 자립하지 못한다. 성인이 된 아이가 죄를 지으면 '어른까지 사죄하라'는 여론이 형성된다. 그래서 우리 사회에서는 궁극의 '개인' 확립이 매우 어렵다.

국제사회에서 우리가 성숙한 어른이 되어 다른 나라와 어깨를 나란히 하기 위해서는 가장 먼저 가정 내에서의 어른과 아이의 구별이 필요하다. 부모는 무슨 일이 있어도 아이의 동경의 존재가 되어야 하고(반항기일지라도) 그렇게 될 의무가 있다.

5
Cinq

원츠(wants)와
니즈(needs)의 차이

일전에 일본에서 어느 동화가 화제가 된 적이 있다. 모 항공회사가
제작한 것인데, 가족여행을 기대하던 아이에게 가족 인원 수보다 한
장이 부족한 '마법의 티켓'을 선물하면 어떻게 될까라는 스토리다.
'어떡하지? 내가 남아야 하나?', '엄마도 아빠도 기대하고 계실 텐
데…' 결국 아이들은 어떤 선택을 했을까. 그 결과를 알고는 많은 사
람들이 감동을 받았고 눈물을 흘렸다는 것이다.

결과가 어떠했는가 하면, 등장했던 모든 패밀리(4인 가족)의 아이
들이 '모두 함께 갈 수 없으니 누군가가 남아야 한다면 가족여행 자
체를 그만둔다'라는 선택을 했다. "왜냐하면 모두 함께 갈 수 없으면
즐겁지 않잖아요."라는 아이들의 이유를 듣자마자 부모는 눈물을 글
썽거렸다.

내가 지적하고 싶은 포인트는 그런 게 아니다. 모든 가족들이 '같은 선택'을 했다는 점이다. 게다가 동일한 대답에 대해서만 높은 공감이 나타났다. 바꿔 말하면, 동조압력이 작동되고 있었다는 뜻이다. 간단히 분석하면 일본도 핵가족 형태가 된 지 오래이지만 아직까지는 가족을 needs(불가피의 공동체)로 여기는 공리가 존재함을 드러낸다고 할까. 다시 말해, 자신은 참더라도 가족 전원을 최우선시하고 있다는 뜻이다.

나는 만일 이것을 '프랑스인 가족에게 실험한다면'이라고 가정해 보았다. 여기에는 마법의 티켓 선택을 아이에게 위임하지 않고, 전권을 갖는 부모가 '방침을 결정'하고 아이가 그것에 따르더라도 마법의 티켓을 건넨다는 조건이 전제되어야 한다.

프랑스 아이들은 틀림없이 다양한 대답을 할 것이다. 부모 중 어느 한쪽만 간다거나 남는 쪽에게는 뭔가 특혜를 주면 된다고 할 것이다. 아니면 부모는 여행을 가고 아이들은 집을 지킨다거나 이 참에 티켓을 현금으로 바꿔서 공평하게 나눈다거나 이도저도 아니면 제비뽑기로 결정한다거나… 생각지도 못한 기회를 그냥 버리지 않기 위해 누구는 참더라도 다른 누구의 욕망은 충족될 수 있도록 해결책을 위해 지혜를 짜내고 이렇게 저렇게 궁리할 것이다.

즉, 프랑스에서 가족이란 것은 needs가 아니라 wants인 것이다 에마뉘엘 도트의 가족연구에서는 파리를 포함한 북프랑스의 가족형태를 '평등주의핵가족'이라 불렀는데, 여기에는 제일 먼저 '개인(결코 아이가 아니다)으로 존재할 것'이 요구된다. 이 구분에 따르면 부모는 독립적이고 형제는 평등하므로 독립과 평등이 충족되는 것은 물론, 욕구도 독립적으로 제각각 표현해도 된다. 하지만 나는 최종적으로 아이의 권한이 어떻게 되는지 알고 있다. 부모는 "일단 네 말을 들어 볼게. 결정하는 건 나지만"이라 할 것이다.

'직계가족'에서는 가족을 위해서 자신의 욕구를 체념하는 일종의 자기희생의 자세가 있고 이 부분 때문에 감동의 눈물을 불러일으키는 것 같다. 그렇다면 '부모만 가게 한다.'가 선택되어야 올바르고 건전한 게 아닐까? 앞에서 말한 이야기 속 아이들이 누구 하나가 못 간다면 '전원' 포기한다고 했는데, 나는 이 '전원'이란 말에서 자신의 의사에 반하는 억압이 작용하고 있는 것 같은 느낌이 들어서 기분이 좋지 않았다.

'직계가족'의 밑바탕에 있는 것은 공동사회다. 옛날 같으면 풍토적인 온기에 젖어들어 가족의 친화력이 세상에 대한 방어벽도 됐겠지만 지금은 '글로벌화'의 파도가 풍토적 친화력을 해체하고 있다. 그런 만큼 이제는 개인의 다양한 선택과 그에 따른 다양한 책임이라는 성숙사회로 바뀌어야 하지 않을까 하는 생각이 든다.

참고:

에마뉘엘 도트의 가족형성 (《세계의 다양성 가족 구조와 근대성》후지와라쇼텐(藤原書店)

- **절대핵가족**(la famille nucléaire absolue) : 아이는 성인이 되면 독립한다. 부모와 자식은 독립적이고 형제의 평등에 무관심하다. 사촌 간 결혼은 금지된다. 유산은 유언에 따라 분배한다.

- **평등주의핵가족**(la famille nucléaire égalitaire) : 아이는 성인이 되면 독립한다. 부모와 자식은 독립적이고 형제는 평등하다. 유산은 형제간에 균등하게 분배된다. 사촌 간 결혼은 금지된다.

- **직계가족**(la famille souche) : 아이들 중 한 사람(일반적으로 장남)은 부모 곁에 남는다. 부모는 자녀에 대해 권위적이고 형제는 불평등하다.

6

결혼과
부모 자식 간의 관계

센슈얼리티는 '우아한 야성' 혹은 '관능 있는 지성'이 섞여 있는 것이다. '우아한'과 '야성', '관능'과 '지성'의 한가운데에 놓인 게 아니라 다 뭉치고 합쳐져서 통합된 개념이 센슈얼리티다. 센슈얼리티는 양식과 지성으로 배양된 '어른의 분별'에서 빚어진다. 어른의 분별을 아로마(Aroma; 향기)라고 한다면 센슈얼리티는 플레이버(Flavor; 맛)다. 아로마와 플레이버가 서로 어울려 훌륭한 명품이 되듯, 어른의 분별과 센슈얼리티가 서로 어울려 인격·인간성이 된다.

와인으로 비유하자면, 아로마는 원료인 포도에서 유래한 향기로운 향내이고 플레이버는 양조와 저장을 거쳐서 나오는 풍미라고 할 수 있다. 아로마는 천연이고 플레이버는 만들어진 것이다. 어른의 분별은 교육과 가정교육으로 만들어지지만 센슈얼리티는 아이 자신이 만들어내는 것이다. 플레이버가 지금을 반영하듯이 센슈얼리티에는 시대성이 담긴다.

센슈얼리티의 형용사 형태는 센슈얼이고 센슈얼과 대칭되는 개념이 섹슈얼이다.

섹슈얼은 단일 기간이기 때문에 (개인차가 있더라도) 세월이 지나면 성능이 떨어지는 걸 피할 수 없다. 한편, 센슈얼은 해를 거듭할수록 숙성 정도가 깊어지고 감응과 공감의 내공이 함께 상승한다.

프랑스에서는 시니어가 되면 될수록—남성도 여성도 보다 우아하고 센슈얼해진다고 믿는다. 프랑스에서는 늘그막의 사랑이라고 하는 그 '늘그막의 사랑은 겁먹을 것이 없다'라며 당당해한다. 사람들은 비웃지 않는다.

세상이 뭐라 말하든, 프랑스인은 '에 아롤?(그게 어떻다고?)'인 것이다. 연애는 전적으로 개인이 영위해 나가는 것이고 반드시 섹슈얼일 필요도 없다. 물론 시니어에게는 센슈얼이 많을 터이다.

두 사람의 관계는 원숙하며 사회적인 자립(=자율)도 보다 견고하다. 자녀와 손자 세대 등의 친족도 자연스럽게 지지해주는 게 보통이다.

어느 날 갑자기 장성한 아들이 나이 차이가 많이 나는 연상의 여인을 데리고 왔다면? 이런 일은 프랑스에서 결코 드물지 않다.—드물지는 않지만 그보다는 '나이가 찬 딸이 부모 세대의 남자를 집으로 데려오는' 것은 무척이나 흔한 일이다.

프랑스에서는 자녀의 연애나 결혼에 간섭하지 않는다는 불문율이 있다.

며느리 될 사람의 나이가 너무 많다는 것은 반대의 이유가 되지 않는다. 부모가 중얼거리며 불만스럽게 말해도 최종적으로 아들의 판단을 받아들인다. 여기에, 데려온 아이가 있더라도 보통은 예뻐한다. 판단의 포인트는 아들이 결혼할 여성 본인의 성품과 사회성, 그리고 공감 능력이다. 제대로 가족이 될 수 있는가 어떤가, 이 점이 예비 며느리를 판단하는 잣대가 될 뿐이다. 다른 사람의 느낌은 필요 없다.

요즘 일본에서는 자녀의 결혼을 위해 부모도 나서서 움직인다고 들었다. 2016년, 메이지야스다생활복지연구소 리서치에 의하면, 아이의 결혼을 위한 활동에 관여하고 싶어하는 부모는 47.7%(딸을 가진 엄마로 한정하면 56.1%) 에 이른다.

문득, 이럴 때 어떤 문제가 일어날까 궁금해졌다. 자녀의 인생에 부모가 깊이 개입하게 되지 않을까? 자녀는 본인의 인생인데도 부모에게 맡겨 놓고 대신 인생설계를 해 달라고 하지는 않을까? 딸은 본인의 인생을 정말로 산다고 할 수 있을까? 걱정이 되었다.

여전히 일본에서는 학교의 입학식과 졸업식, 운동회에다가 사시사철 있는 교내 행사에 보호자가 동반하는 습관은 바뀔 줄을 모른다. 대학의 입학식부터 끝끝내는 취업한 회사에서의 입사식까지 부모가 함께 참석하는 건 아닐지 모르겠다. 도대체 어쩌려고 그러나?

부부가 센슈얼하게 평생 연애를 하려면 '개인의 자율성'이 전제되어야 한다. 우리는 정말 개인적으로 정말 자립했다 할 수 있을까? 내 아이가 더 우월하다는 부모의 인정 욕구가 자녀의 커플 관계보다 더 우세한 듯 보이니….

연애의 참다운 즐거움이란 무엇일까? 사람을 좋아하게 되는 사랑과 본능적 욕구의 달성인 성애만은 아닐 것이다. 나는 연애의 참다운 즐거움이란 부모의 비호에서 벗어나 독립된 개인이 되었다는 해방감과 파트너로 결합된 두 사람 앞에 펼쳐진 무한한 자존감이라고 생각한다.

> *그대는 활이고*
> *그대의 아이들은 살아 있는 화살입니다.*
> *그대로부터 쏘아져 멀리 벗어나려 합니다.*
> *사수는*
> *아득히 저 멀리 있는 과녁을 겨누며,*
> *있는 힘껏 활을 잡아당겨 휘게 하고*

이내 화살을 쏘아 빨리, 그리고 멀리 날아가게 합니다.
그대는 휘어진 활이 되는 그 고통을 기뻐하십시오.
그분은 날아가는 화살을 가상히 여기고 사랑하는 만큼,
잘 휘고, 다시 제자리로 돌아오고, 다시 안정되는 활도 역시
사랑하기 때문입니다.

레바논의 시인이자 철학자인 칼릴 지브란(Kahlil Gibran)의 《예언자(The Prophet)》라는 시집 속 〈아이에 관해〉의 마지막 구절이다. 신은 미래를 살아갈 아이를 사랑하는 것처럼, 현재에 남아 있는 부모도 동일하게 사랑한다는 아름다운 구절이 아닐 수 없다.

부부간의 정신적 자립과 자율을 표현해온 지브란은, 부모와 자식의 관계에서도 거리를 유지하고 개입하지 말라고 충고한다. 그렇다. 결국은 단지 한 사람의 '개인'인 것이다. 부모의 흔적을 남기지 않고 여행을 떠나자. 그리고 빙빙 에두른 말로 혼내거나 은근히 골탕 먹이지도 말고 무관심하게 툭 끊자. 그게 바로, 순수하게 센슈얼한 자식 키우기가 아니겠는가.

'50대의 사춘기'에
가슴 설레다

수년 전부터 프랑스에서 유행하고 있는 스타일에 'Quincados'(켄카도)라는 게 있다.

몸에는 빈티지나 낡은 진, 캔버스 스니커즈와 티셔츠를 걸치고 아이들 세대에서 인기 있는 영화를 본다. 몸은 젊은이들처럼 단련되어 있고 일주일에 1회는 새벽녘까지 파티를 즐기며 산악자전거를 매우 좋아한다. 젊은 세대와 둘도 없는 친구가 되고 쓰는 말도 젊은이들을 따라 하는, 그러니까 '젊음 만들기'를 하는 사람들을 가리킨다.

켄카도는 사회학자인 세르주 개랭(Serge Guérin)이 3년 정도 전부터 쓰기 시작한 '50대'를 의미하는 quinquagenaire와 '사춘기'를 의미하는 adolescence를 합친 말이다. 외견도 내면도 마치 30대, 때로는 틴에이저처럼 행동하는 50대 남녀를 말하는데 최근에 이런 사람들이 늘어나고 있다.

50대라고 하면 1960년부터 70년대에 태어난 프랑스의 베이비부머 세대다. 어느 정도 생활이 안정되어 가난함을 모르고 자랐고 권리와 자유의 혜택을 듬뿍 받고 있기에 인내를 모른다. 평균수명도 늘어나 부모 세대보다 훨씬 젊고 넘쳐나는 체력에 자신도 있다.

프랑스라고 하는 성숙된 어른 사회는 우아하고 시크하다. 나이와 함께 몸에 스며드는 품격과 그로부터 느껴지는 분위기가 기본적으로 깔려 있다. 그런데 대체 이게 웬일인가! 이들은 어른이 되고 싶지 않은 건가? 영원히 틴에이저를 드높이 노래하는 것처럼 보이니….

남성보다 한 발 빠르게 여성이 켄카도에 관심을 기울였기에 더 놀랐었다. 젊어 보이는 헤어와 메이크업을 하고 지금 유행하는 젊은 이들 클럽에 심야 출입한다.

이윽고 중년의 위기에 고민하던 남성들이 그 뒤를 따랐다. 켄카도는 자신이 정말로 젊다 생각하기 때문에 정신연령이 자신과 비슷한 것 같은 나이 어린 사람과 연인 관계인 게 자랑이고 뉴 테크놀로지와 하이테크에 열광하며 SNS와 코믹마켓(만화 동인지 등에 관련된 대규모 모임으로 관련 물품을 즉석에서 판매도 함-역주)에 열중한다.

'좋은 때 좋아하는 걸 하는 게 뭐가 나빠!'라는 마인드에 경제적으로도 윤택했기에 '우리들의 사전에 불가능은 없다'가 되어 버렸다.―이젠 손을 쓸 수 없는, 덩치 큰 버릇없는 아이와 같아졌다.

이런, 참 난감한 세대가 탄생했구나 했는데, 좀 더 자세히 보니 딱히 그렇지도 않은 것 같다. 진짜로 젊은 세대는 "젊어 보이려고 하는 모습이 너무 극단적이라 좀 웃기지만 본인이 좋다면 좋은 거 아닌가요? 나이 들어 잔소리나 잔뜩 늘어놓고 짜증내는 것보다는 훨씬 낫잖아요." 하는 게 아닌가. 그야말로 개인주의의 국가다. 이쯤 되면 어느 쪽이 진짜 어른인지 알 수가 없다.

이 단어를 만든, 앞에서 언급한 사회학자 세르주 개랭은 1968년 5월 혁명 이후의 사회가 아이에게 부모의 권위를 휘두르지 않는 분위기로 바뀌었다고 말한다. 그렇다면 켄카도에게 부모와 자식은 '친구 관계'라고 하는 편이 맞을 것이다.

45세부터 60세까지의 여성을 대상으로 한 조사에 의하면, 거의 모든 사람이 '인생은 잘 풀리고 있다'라고 느끼며 90%가 '나는 나이보다 젊어 보인다.'라고 대답하고 있었다. 실제 연령과의 차이 평균이 13살이라는 대목에서 그만 경악했지만. (나는 프랑스에 살면서 실제 나이보다 13살이나 젊어 보이는 프랑스인을 아직 만난 적이 없다.)

여성들은 50대를 '성숙한 여성의 아름다움이 개화하는' 새로운 인생이 열리는 시기라고 여기기 때문에 '언제나 일상을 벗어나 여행을 떠날 준비가 되어 있다'가 70%, 다섯 명 중 한 명은 '언제라도 문신을 받을 수 있다'라고 했다.

켄카도, 영어로는 old teenager(영원히 틴에이저). 이들이 진짜 젊은 이와 비교할 때 가장 큰 차이점은 무엇일까. 뭐니뭐니 해도 자유를 구가하게 해 주는 경제력이다. 아이를 더 이상 보살피지 않아도 된다는 해방감도 있다. 이것이야말로 갱년기 장애가 아닌 '행복년기 생애'의 도래가 아닐까 싶다. 지갑을 두른 끈은 느슨해진다. 커플 문화의 땅인 만큼 이들은 선물과 유희 등 상대를 사랑하기 위한 소비만이 아니라 자신의 체형을 아름답게 하기 위해 의술을 포함한 건강·미용 관련 비용을 지불하는 데 주저하지 않는다. 커플로 여행 가서 서로의 사랑을 확인하는 비용도 OK. 이 경제순환은 명실공히 관능경제의 발전으로 이어진다.

참으로 신기한 시대다. 외견만 보면 분별 있고 시크하며 우아하고 보수적이던 마담과 무슈들이었는데… 예상이 빗나간 걸 비웃듯 새로운 경향에 이렇게 빠져들다니. 물론 BCBG들은 완고하게 전통 엘레강스를 지키고 있지만….

'나는 20살이었다. 그게 인생에서 가장 아름다운 나이라는 말을 누구한테도 듣고 싶지 않다.' 이것은 폴 니잔(Paul Nizan)의 《아덴아라비아》의 서두인데, 사춘기에서 한 발 전진하도록 격려 받으면서도 고뇌 많은 행복한 청춘의 모습이 그려진다.

물론 이것은 나이와 관계없다. 그렇다면 평생을 청춘으로 살아가려 하는 켄카도족이 늘어나고 있는 것은 어쩌면 즐거운 일일지도 모르겠구나 싶다.

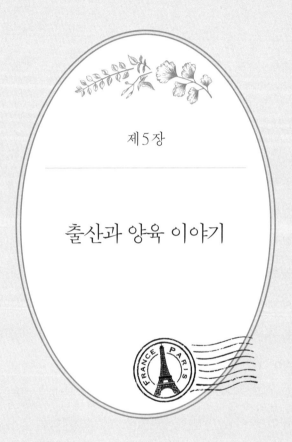

제5장

출산과 양육 이야기

1

Une

여성을 위한
아름다운 지원

프랑스 여성에게는 '낳고 있다'라는 서술어가 종종 붙는데 실제로도
그렇다고 할 수 있다. 여성 한 명이 평생 낳는 자녀수의 평균인 합계
특수 출산율은 2 전후를 유지하고 있는데 이는 이웃 유럽의 여러 나
라와 비교해도 단연 선두에 서니 말이다. 지금의 선진국에서 이 숫
자는 놀라움 그 자체다. 무엇 때문에 그럴까? 많은 분석이 있는데 그
것만으로도 두툼한 책 한 권이 나올 정도다.

프랑스는 다른 선진국들보다 100년이나 훨씬 전에 출산율이 저
하되어 인구가 줄어들 위험에 직면했다. 출산율 저하는 임신조절
을 했기 때문이라 진단하고 독일제국의 대두에 위기감이 강해지던
제1차 세계 대전 이전에 이미 출산율 대책을 세우기 시작한 것이다.
대책은 주로 가족수당 형태로 이루어졌다. 임신조절도 출산율 저하

에 대한 대책도 다른 나라보다 먼저 실시됐다는 것이 너무나 프랑스답다.

1970년대가 되어 '인구 증가야말로 국력의 증강'이라고 모두들 공감했던 것일까. 남녀평균임금법, 임신을 이유로 한 채용거부금지법, 육아휴직법 등이 제정되었다. 일찍이 '아이를 갖는 여성이 일하기 쉬운 환경을 만들면 국가도 기업도 발전하게 되어 있다.'라는 생각이 사회에 널리 퍼지고 정착했으며 그 결과가 베이비붐 도래였다. 현대 프랑스에서는 일하는 여성의 80%가 아이를 낳고 키우고 있다.

아이를 많이 낳고 있는 사람들은 이민자 계층이라는 설이 있는데 실제를 들여다보면 그렇지 않다. 이민자가 거의 없는 지역에도 비슷하게 출산율이 증가하고 있기 때문이다.

다양한 보조금제도, 3세부터 무료로 이루어지는 유치원에서의 충실한 시간외보육, 식당 급식제도, 콜로니라고 하는 바캉스 중의 집단생활 등 공적 부조에 의한 각종 서비스의 효과가 엄청나게 큰 힘이 되고 있다.

보육선생님은 정부가 정한 연수를 받은 정부인정 자격이다. 전국의 보육선생님은 약 31만 명으로 3세 미만의 아이가 있는 워킹맘의 60%가 이용하고 있다.

정부는 이러한 워킹맘을 고용하고 있는 기업에게 기초수당과 고용촉진 원조금을 합한 보조금을 다달이 지급한다. 보조금은 일하는 여성이 국가의 이러한 제도와 시설을 언제나 이용할 수 있도록 하는 촉진책이다. 한편으로는 학생에게 방을 제공하는 대신 육아나 가사를 돕게 하는 '오페르 제도'도 있다.

프랑스에는 아이가 3세가 될 때까지 엄마가 육아에 전념하지 않으면 그 아이 성장에 악영향을 준다고 하는 식의 믿음 같은 건 존재하지 않는다. 미 퍼스트가 정착된 국가적 특성과 구체제 하의 귀족과 부르주아지들이 아이를 남에게 맡겨 기르게 하던 역사적 전통 때문일 것이다.

아이에 대한 책임을 지지 않는 외부인이 "엄마가 일하느라 돌봐주지 않다니, 아이가 불쌍하고 참 안타깝다"라 말해도, 이곳 엄마들은 귓등으로도 듣지 않는다. 신념에 따라 미 퍼스트를 관철하는 게 (아이와 내 자신에게 있어서) 중요하다 여긴다. 어떤 선택을 해도 육아에 완벽은 없기 때문에 자신이 한 선택이 정답이라 여기는 게 최고다.

프랑스에서 '무상 교육'은 이들에게 든든하고 커다란 뒷받침이 된다. 일반적으로 공립학교의 수준이 높고 학교에서의 의무 교육은 원칙적으로 무상이다. 대부분의 대학도 비용이 저렴한 국립이다. 노트, 펜, 계산기에 책가방 등은 개인이 준비하지만 중학 1학년 평균으로 190유로 정도밖에 들지 않는다. 둘째 아이부터 소득에 따른 자녀 수에 따라 지급되는 가족수당(Allocations familiales), 새 학기가 시작할 때 기쁜 선물이 되는 신학기수당, 저소득층을 위한 출산특별수당 등에 주택 관련까지 포함하면 30여 종류나 되는 각종 교부금과 보조금들이 있는데 상당히 충실하다. 구체적으로 예를 들자면, 만일 연수입 6만 유로 정도이고 자녀가 두 명일 때 129.86유로, 자녀가 세 명이라면 296.23유로(2017년) 정도가 들어온다. 이러한 정부 지원금은 기업이 내는 돈으로 재원의 60%를 충당하는 기관에서 담당한다.

프랑스처럼 튼실한 가족정책을 취하고 있는 나라는 EU에서도 유례가 없는 만큼 프랑스의 독자성은 뛰어나다. INED(프랑스 국립인구통계학연구소)의 소장이던 프랑수아 에랑은 '프랑스 가족정책의 성공의 열쇠는 지속성에 있다. 가족정책은 제2차 세계 대전 후 일관되게 계속 확충되어 광범위하게 국민적 합의를 얻고 있다. 2012년의 대통령 선거에서도 정책의 제반 원칙에 대한 논쟁은 일어나지 않았다'고 말했다. 가족정책에 드는 거액의 경비는 '국가의 장래에 대한 투자'라는 여론이 형성되어 있고 사회 전체가 아이를 기르는 데 도움을 줘야 한다는 합의가 이미 정착해 있다.

기업도 여러 방면으로 육아를 응원한다. 제너럴 일렉트로닉과 L'Oreal Orange 등의 대기업은 6월 첫째 수요일에 패밀리데이 'une journée de la famille en entreprise'를 열어서 아이들과의 교류의 장을 마련하고 있다.

Kalidea사 E-Commerce의 CEO는 "보고 체험함으로써 아이들은 우리 부모가 일 때문에 집을 비운다는 것에 대한 이해가 이전보다 깊어졌다."라고 말한다. 200명의 직원 대부분이 여성인 중소기업은 이러한 행사의 성과로써 사무적이었던 직장 분위기가 보다 친밀한 인간관계로 바뀌었다고 한다.

프랑스는 성인의 70%가 커플로 산다는 연애대국인 성숙한 커플 사회다. 사실혼(=동거)과 팍스도 법률혼과 다름없는 공적 대우를 받을 수 있다. 이미 출생아의 과반수가 혼외로 낳은 아이다.

'진보적인 가족제도'는 페미니즘을 추진한다. 그래서 '보조와 보호를 기조로 한 공적 정책은 상징적이고 강한 영향력을 전파했고 나아가 젊은 엄마가 일하는 것에 정당성을 강하게 부여했다'고 한다.

앵글로색슨계의 페미니즘은 여자를 일절 밖으로 내보내지 않는 것이었단다. 그야말로 퍼펙트한 평등이라며 여성의 금욕까지 있었다고 한다. 그러나 프랑스 여성은 여자로서의 '성의 에로스'를 구가하면서 어머니가 되는 '생의 에로스'도 결코 버리지 않는다. 욕심을 부리는 게 아니라 그게 처음부터 당연한 것이다.

프랑스의 남편은 자신의 일을 가진 부인을 존중한다. 지갑은 독립되어 있으므로 주종관계도 아니다. 가사분담은 사회적 의무다. 주 35시간 노동제이고 파리만 해도 직장까지의 통근시간은 대개 30분 이내이며 잔업도 적다. 사생활을 위한 시간은 확보되어 있는 것이다.

프랑스 여성의 임신은 '인생의 과정'이라는 이성으로 하는 게 아니라 호르몬이 밀어 올리는 '격한 감정'의 결과라는 기사를 읽은 적이 있다. 그녀들은 '엄마가 되는 것을 진심으로 기뻐'하고 기대하며 즐거워한다. 아무리 엄격한 프랑스라도 자녀가 한 명이면 제멋대로 성장하기 쉽다. 될 수 있으면 두 명, 바람은 세 명 이상을 꼽는 여성이 많은 까닭도 이런 분위기를 반영한다.

브렉시트(영국 EU 탈퇴) 예측 적중 등 급진적인 발언으로 유명한 역사학자 에마뉘엘 토트는 프랑스의 기적적으로 높은 출산율을 '강한 생명력이 구체화된 것'이라고 말했다. EU 여러 나라의 출산율이 1.5 수준인 데 반해 프랑스는 2.0 전후라는 것은 정말로 엄청난 차이다. 이는 자유로운 개인주의와 적극적인 국가 개입만으로는 설명할 수 없는 수준이다. 이것은 생명력이기 때문이다.

프랑스라 해서 경제의 쇠퇴와 미래에 대한 불안이 없는 건 아니다. 그래도 이들은 꽉 막혀 있는 답답한 느낌을 떨쳐내고 생명찬가인 에피큐리앙을 노래한다. 사람은 사랑하고, 사랑을 발견하고, 아이를 잉태한다. 생명력, 나는 이 말이 단번에 가슴에 와 닿았다.

어느 뇌과학자는 '연애는 이성을 마비시키는 마약'이라고 했다. 임신·출산·육아를 이성으로 판단한다면 이건 그야말로 인간이 할 짓이 못 되리라. 눈을 가리고 무작정 뛰어들게 하는 사랑이라는 마약. 잠깐, 그런데 우리 사회에서처럼 냉혹한 현실에 미리부터 뺨을 철썩 맞는 여성이라면 제아무리 마약일지언정 제 기능을 발휘하지 못하는 게 아닐까 싶다. 아니면 처음부터 사랑이라는 마약에 손을 내밀지도 않게 됐을지도 모르고 …

한때는 인생 50살이라더니 어느새 수명도 점점 길어지고 있다. 시대도 다르다. 도중에 파트너가 바뀌어도 긍정적으로 받아들여지고 있다.

그래도 출산 가능 기간은 자각했으면 좋겠다. 아이를 키우는 제도가 정비되길 기다린다거나 임신 타이밍을 따지고 있다가는 자연 출산가능 연령이 금세 지나가고 만다.

가능한데도 아이가 있는 인생을 단념하는 건 정말 아깝다. 옛날 사람도 여러 제약과 정비되지 않은 제도 속에서도 끈질기게 생명은 이어왔다. 어떤 시대에 어떻게 살았더라도, 그 인생은 결코 안온하고 즐겁지만은 않았으리라. 운명은 평등하지 않다는 말처럼 일부 특권계급이라도 편안함이 보장된 삶을 산 것도 아닐 것이다. 단 한 번뿐인, 되돌릴 수 없는 인생을 어떻게 살아야 할까. 부디 철학을 했으면 좋겠다고 희망해본다.

2
Deux

계획 임신과 산후조리

산부인과 의사인 친구로부터 '계획 임신'에 관한 이야기를 들은 적이 있다.

말이 나온 김에, '계획 임신'이란 표현은 긍정적이고 좋은 말이라고 생각한다. 불임치료라는 말은 어감이 어둡다. 남성 호르몬과 여성 호르몬이라는 낱말처럼 성별을 고정화시키는 말 같아서 없애고 싶은 마음도 든다. 그러나 계획 임신은 긍정적이고 밝다. 아무것도 하지 않으면, 아무 일도 일어나지 않는다.

"40세 전후의 환자들로부터 '언제부터 임신을 위한 치료를 시작하는 편이 좋을까요? 사실은 지금 좀 고민 중인데요.'라는 상담을 자주 받아. 그런데 자연임신율의 저하와 엄마 몸과 태아에 미칠 리스크를 생각하면 좀 일찍부터 시작해 주면 좋겠어. 대략 35세 정도쯤 말이야. 빠르면 빠를수록 결과도 좋고 이런 저런 부담도 적은 임신 치료가 제공될 수 있거든."

친구의 말이다.

이 말이 바로 내 말이다. 최첨단 의료를 활용하면 임신은 어떻게든 된다고 여기고 싶은 마음도 모르는 건 아니다.

하지만 이런 것은 '운 좋게 성공한 매우 드문 케이스'에 불과하다. 여기에는 돈도 체력도 엄청나게 지불해야 한다. 이렇듯 건강정보가 진실인지는 끝까지 지켜볼 일이다.

프랑스에서도 40세 이상의 고령 출산은 많다. 그래도 정부는 '임신은 (이성적으로는) 30세까지 합시다.'라고 명확히 제언하고 있다. 일반인들에게도 난자의 노화에 관한 지식이 폭넓게 퍼져 있다. 일반적으로 말하는 임신 치료를 시작하는 평균 연령은 34세이고 70%가 37세 이하다.

현실을 냉정하게 직시하고 본인 나름의 해답을 낸 다음 계획 임신을 시작한다는 프랑스 여성의 합리적 사고가 엿보인다. 프랑스에서는 이에 따른 혜택도 많은데 인공수정은 6회, 체외수정은 4회까지 사회보험으로 커버된다. 이렇게 젊은 부부의 경제적 부담까지 배려하는 것이다. 게다가 이런 보험적용은 42세까지라는 한정도 있다. 이 말은 그 때까지 치료 성적을 기대할 수 있다는 의미로도 해석할 수 있다. 혹시라도 너무 빨리 제한한다고 여길지 모르겠는데, 프랑스 이

웃의 여러 나라 중에서는 관용적이란 평가를 받고 있다.

한편 이 제도들은 젊은 부부에게라기보다 여성에게 배려된 제도라고 하는 편이 올바른 표현이다. 결혼하지 않았더라도 2년 이상 동거하고 있다면 보험으로 계획 임신 치료를 받을 수 있게 되어 있기 때문이다. 이런 경우 클리닉을 방문할 때는 파트너인 남성의 동반이 필수다. 이는 남성에게 아이는 두 사람이 만드는 것이라는 의식을 갖게 하기 위해서이고, 다른 하나는, 당연한 말이지만 불임 원인의 절반은 남성에 있기 때문이다.

하나 더, 일반적인 프랑스 여성은 젊었을 때부터 피임약을 복용하기도 해서 틴에이저 때부터 산부인과 의사와 거리감이 크지 않고 전문가 어드바이스를 받으며 임신에 대한 올바른 지식을 얻을 수 있다. 이런 환경이 계획 임신 치료를 시작하는 타이밍도 놓치지 않는 장점도 된다.

여성 입장에서 자신을 깊이 이해해 주는 '주치의 산부인과 의사'가 있다면 그 혜택은 엄청날 것이다. 여성의 일생—출생부터 사춘기, 임신과 출산, 여기에 (갱년기+노년기의) 행복년기까지—을 돌봐주는 든든한 버팀목이 되어 줄 것이 틀림없기 때문이다. 정말이지 그렇게 되면 좋겠다.

한편, 분만·출산을 완수하자면 여성의 성기 주변은 상처를 입을 수밖에 없다. 산후조리는 섹스라이프를 위해서만이 아니라 노년기의 요실금 방지를 위해서도 매우 중요하다.

1980년 이래 프랑스에서는 골반저부에 대한 물리치료라는 개념이 도입되었고 85년부터는 사회보험 대상이 되었다. 이 물리치료는 골반저근의 수축 강도를 측정하면서 하는 훈련이다. 산모는 산후 정기검진에서 질 안쪽으로 측정봉을 넣고 측정치를 모니터링하면서 근육 트레이닝법을 교육받는다. 근내 수축과 이완에 따라 근력을 키워가는 피드백 방식인데 3~10회 훈련을 시행한다.

산부인과 의사를 대상으로 한 리서치에서, 질을 수축시키기 위해서는 '소변을 도중에서 멈추기'나 '항문을 꽉 조이기'가 효과적이라고 한다. 독일과 프랑스에는 '게이샤볼'이라고 하는 3단계로 나뉜 구형의 질압 회복 훈련 도구도 있단다.

3
Trois

프랑스에서는
80%가 무통분만

2015년 5월 2일 아침 8시 34분, 영국 왕실의 캐서린 비(정식으로는 '캠브리지 공작부인 캐서린')가 둘째인 샬럿 왕녀를 출산했다. 그런데 그날 저녁 6시가 지났을 무렵 서둘러 퇴원한 것이 화제가 되었다. 첫째인 조지 왕자를 출산할 때는 26시간 후에 퇴원했었다. 그때도 너무 빠른 퇴원이라 여겨졌는데 이번에도 그렇단다.

초단기 입원이 가능했던 것은—왕실 전속 의료인들의 극진한 케어를 받았을 테니 그게 당연하다 하더라도—의심할 것도 없이 '무통분만'에 있다.

무통분만은 마취를 이용한 진통 완화를 말한다. 프랑스에서는 약 80%가 무통분만을 선택한다. 프랑스에서 무통분만을 경험했던 몇 명의 지인에게 물었다.

모두가 공통적으로 '무통분만을 했더니 산후 회복이 빨랐다'고 대답했다. 자연분만에 비해 진통에 의한 고통이 적었기 때문에 심신의 피로와 체력 소모도 적었다고 했다. 그래서 금세 갓난아기를 돌보는 데 전념할 수 있어서 기뻤다고도 했다.

무통분만은 출산 경험이 있는 사람들에게 매우 평판이 좋다. 서양 여러 나라에서는 이미 사실상의 표준이 되어 있다. 일본 의료가 세계적으로 높은 수준이라는데 왜 무통분만은 널리 보급되지 않는 걸까? 무통분만을 하면 산모의 체력적 피로가 획기적으로 경감되어 최저 1주일 걸렸던 입원 기간도 3일로 끝나는데 말이다.

원인은 크게 두 가지로 생각해 볼 수 있다. 첫째는 의식의 문제다. 일본인의 기질 중에는 '자연이 아닌 것'에 대한 저항감이 있는 것 같다. 자연이 아닌 것의 카테고리에는 근대의료의 투약도 포함된다. '배를 아프게 낳아야 내 새끼'라는 말은 또 어떤가? 인고의 대상인 '사랑하는 내 아이'를 낳느라 생긴 고통을 거쳐야 '엄마가 되는' 것이니 이 얼마나 아름다운 스토리인가! 하며 은연중에 강요한다. 고부간 혹은 모녀 사이의 반목도 원인일 수 있다.

한 사람의 인간으로서 피할 수 있는 고통은 피하는 게 맞다. 이성으로 판단하라는 게 아니라 불쾌보다 기분 좋음을 선택하는 것은 살아 있는 생물이라면 당연하다는 의미다. 모성과 인고는 다른 맥락을 지닌다.

둘째는 의료 상황 때문이다. 마취를 하려면 병원에 24시간 감시 태세가 마련되어 있어야 한다. 일본의 산부인과 의사 수는 적다. 중소도시라면 외래 진료와 수술을 하며 출산도 담당하는 게 보통이다. 그러니 얼마 안 되는 산부인과 의사가 마취 처리 관리까지 하기에는 정말로 손이 미치지 않는 것이다. 이런 상황이니 무통분만이 전국적으로 보급될 리 없지 않은가. 전문의의 편중도 무통분만의 보급을 막고 있다.

프랑스에서 마취는 마취전문의의 영역이고 산부인과 의사와 팀을 이뤄 처치한다.

프랑스에서는 성적순으로 임상전문과가 갈라진다. 여기에 의료 실정을 조정해서 과목 인원수의 편재를 최소한으로 하고 있다.

비용의 문제도 있다. 마취 관리에 드는 높은 비용은 환자 부담이다. 이는 경제적 여유가 있는 사람만 할 수 있다는 뜻이다. 다시 말할 것도 없지만, 프랑스에서 출산에 드는 비용은 마취비 포함, 모두 의료 보험이 보장한다.

내게는 세 번의 자연분만으로 진통의 고통을 '생이빨을 꼭 물며 견뎠기' 때문에 악관절증을 앓고 있는 친구도 있다. 물론 마취에 따른 위험 부담도 없지 않고 체질적으로 무리인 사람도 있을 것이다. 그래도 의료진의 실력과 시스템을 정비해서 정보를 투명하게 밝히고 출산이 어떻게 진행되는지 그 과정을 엄마가 될 여성이 자유롭게 선택할 수 있는 시대가 하루 빨리 왔으면 좋겠다.

이 세상에는 아이를 좋아하고 귀여워하며 자녀수를 둘이 아니라 셋, 넷도 좋다 여길 사람도 있을 것이다. 그런데 그 중에는 혹시라도 진통이 무서워서 그냥 포기해버리는 사람도 있을 수 있다. 무통분만의 추진은 저출산 기조를 개선할 것이다.

4

Quatre

센슈얼한
미래를 위하여

여성에게 필수인 아이템이며 아메리카 · 유럽의 선진 여러 나라만이 아니라 아시아의 많은 국가에서도 상식적으로 자주 사용되는 것이 틴에이저 때부터의 피임약, 갱년기의 호르몬 보충요법(HRT), 무통 분만이다. 출산과 갱년기만의 문제가 아니다. 일본의 독특함이랄까, '여자는 여자이기만 하면 돼' (=태어났던 때 그대로 순진한 여자이기만 하면 돼) 라는 말의 배후에는 '부동의 진리'가 있는 것이다. 즉, 여성은 성을 알면 이성을 잃고 감정적이 된다고 봤던 것이다. 이 나라는 확고부동한 남성우위사회 그대로인 채 아무것도 변하지 않았다.

사회의 다양한 분야에 영향을 미칠 만한 결정권을 가진 '지도적 지위'라는 게 있다. 장관 · 국회의원 · 사법관 · 행정 관료 · 지방자치단체장 · 시도지사 · 시도의원, 대기업 경영자 · 간부 · 집행관, 대학 교

수·고교 교장·고위 연구원, 의사·변호사·회계사 등이 이에 해당
된다.

이 지위에 오른 여성의 비율을 여러 외국과 비교해 보면 일본이
매우 낮음을 알 수 있다.

2013년 판 '남녀공동계획백서'에 의하면, 일본의 민간기업 등에
서 관리직에 있는 여성의 비율은 11.1%에 머물러 있음을 알 수 있
다. 일본을 포함한 12개국에서의 여성관리직 비율을 비교하면, 필
리핀이 52.7%(취업자 중 여성의 비율 39.2%)로 가장 높고 이어서 미
국이 43.0%(동 47.2%), 프랑스가 38.7%(동 47.5%), 오스트레일리
아 36.7%(동 45.3%), 영국이 35.7%(동 46.5%)이었다. 한편, 일본은
11.1%(동 42.3%)에 그쳐, 서양과 다른 아시아 여러 나라(말레이시아
25.0%, 싱가포르 34.3%)보다 크게 밑돌았다.

이와는 달리, 프랑스(혹은 서양의 여러 나라)에서는 매출에 따라 혹
은 피고용인 수가 일정 규모 이상의 상장기업에서 여성 임원의 비율
을 규정한 법이 통과되었다. 구체적으로 임원 중 여성 비율을 2014
년까지 20%, 2017년까지는 40%로 할 것을 요구했다. 법으로 정해진
이후 현재 그렇게 되어 있는 것은 따로 조사해볼 필요도 없으리라.
2012년의 자료에 따르면 이른바 일류기업에서는 여성 임원의 비율
이 25%를 넘기고 있던 것이다.

프랑스 혁명의 이념은 '자유, 평등 박애'로 번역되는데, 여기서

'박애'는 '차별하지 않는 평등한 사랑'이 아니라 개념적으로는 '동지애'다. 우리 편에 대한 애정이므로 '네 적을 사랑하라'라는 아가페적 '신의 사랑'도 아니다.

프랑스 혁명은 이후에 벌어진 근대시민혁명을 이끌었다고 한다. '스테이터스(status, 신분)에서 콘트랙트(contract: 계약)으로' 말이다. 새로운 경제사상에 의해 새로운 사회가 만들어지던 흐름이었다.

《인권선언》은 인간이 자유롭고 평등한 권리를 갖는 존재로 생명을 부여 받았음을 소리 높여 부르짖고 있다. 그런데 이 선언에서 말하는 인간에는 여성—세상을 지탱하는 인간의 절반—이 포함되어 있지 않다.

들라크루와의 〈민중을 이끄는 자유의 여신〉은 세상에 널리 알려진 명화다. 그림 속에서 가슴을 드러낸 채 민중을 이끄는 여신이 마리안인데 그녀는 프랑스 국가 자체와 국가이념을 의인화한 상징이다. 프랑스의 국기, 국가인 마르세유의 노래와 함께 다소 늦게 완성됐지만 아메리카 건국 100주년 때에는 뉴욕에 진출, 자유의 여신(Stature of Liberty)이 되었다.

세계에서 처음으로 여성의 권리를 선언했던 사람은 올랭프 드 구주(Olympe de Gouges)로, 그녀는 1791년에 《여권선언》을 발표했다. 혁명 전에는 베르사유 궁전에서 마리 앙투아네트와 아름다움을 겨뤘다는 미녀였는데 '여성이 단두대에 오를 권리를 갖듯이 연단에 오를 권리도 갖는다.'라며 여성참정권을 당당하게 요구했던 것이다.

여권선언 때문이었을까, 아니면 자코뱅 공포정치의 폭풍우 때문이었을까. 연설의 내용처럼 그녀는 단두대의 이슬로 사라졌다. 그 일이 있던 2주 정도 전에 마리 앙투아네트도 단두대에서 사라졌다. 미모와 재능이 뛰어나고 긍지 또한 높았던 여성들은 정의를 발언할 권리가 봉쇄된 채 죄에 있어서만은 남성과 동등한 의무가 부과되어 세상에서 사라졌던 것이다.

프랑스에서 여성참정권이 인정된 것은 1944년이다. 당시는 직장에서 팬츠룩은 허용되지 않았고 은행계좌를 개설하려 해도 남편의 허가가 필요했던 시절이었다고 백발의 마담으로부터 전해 들었다. 여성이 남성과 같은 권리를 쟁취한 것은 1968년 5월 혁명이니 따져보면 겨우 반세기 전의 일이다.

지금 일본은 고도성장기를 지나 버블은 꺼졌고 30년 정체기에 이어 천재지변과 인재로 고통받고 있다. 이젠 다른 방법이 없다. 원칙으로 돌아가 성실하게 움직이지 않으면 안 된다. 자식과 손자에게 빚이나 남기고 죽어서야 되겠는가. 남성도 여성도 다 함께 일하지 않으면 안 되는 시대가 된 것이다.

프랑스의 여성이 남성에 유리한 가치관의 강요에 반항해 지금의 포지션을 얻기까지는 끈질긴 저항의 역사가 있었다. 이러한 선구자들의 노고를 생각하면, 맘 편하게 현실을 칭송하며 살아가는 것은 정말로 염치없다. 아직 가야 할 길은 멀다. 앞으로 어떻게 해야 여성도 남성도 다 함께 손을 잡고 즐겁게 밝은 세상을 만들어 갈 수 있을까.

프랑스 여성은 여자다움을 버리지 않는다. 프랑스 여성은 용기를 버리지 않는다. 냉정하고 관능적으로 싸워 나간다. 관능적이란 것은 센슈얼하게 살아가는 것이다. 프랑스를 흉내내라는 것이 아니다. 하지만 보고 배울 점이 있으면 그 점을 솔직하게 보고 받아들였으면 좋겠다.

프랑스에서 5년마다 한 번씩 있는 빅 이벤트, 공화국 대통령 선거 결과 39세의 에마뉘엘 마크롱이 제25대 프랑스 대통령으로 정말 당선되었다. 내가 이렇게 놀라워하는 까닭은 사실 이전부터 그의 가능성을 알아채고 그에게 주목했기 때문이다.

그가 프랑스 국민 앞에 모습을 나타낸 것은 전 대통령인 프랑수아 올랑드의 발탁으로 대통령 측근이 된 2012년 이후부터다. 그는 선거라는 선례를 밟지 않고 2014년에 경제·산업·디지털장관이 되었다. 국가 경제정책입안에서 요점을 파악하자 마크롱법이라 불리는 경제개혁법안을 제출해, 의회의 평결 없이 헌법 49조 3항의 내각 신임투표로 성립시켰다. 이게 2015년 2월의 일이다. 마크롱은 혜성처럼 등장해 시대의 총아가 된 것이다.

딱 그 무렵이었다. 나는 당시 새로 쓴 에세이의 주제를 '센슈얼'로 정하고 그 이미지를 드러낼 인물을 찾고 있었다. TF1(프랑스의 방송TV국)에서 마크롱의 정제된 태도와 멋진 목소리, 게다가 세련된 스타일을 바라보면서 '이 남자다' 하고 순간적으로 깨달았다. 완성된 지성과 센슈얼리티를 느낀 것이다.

한 가지 더, 그 남자에게는 공공연하게 알려지지 않은 센슈얼리티의 전형이 있었다. 그것은 아무르의 나라다운 엄청난 연애다. 15세 때 이 남자는 39세의 교사와 천재일우의 운명적 만남을 했고 14년 후에 그 사랑을 맺었다. 이 남자의 정신적 성숙도(노화도?)는 그 바닥이 어디인가…. 시앙스포(Sciences-Po)(파리 정치학원)에서 ENA(국립행정학원), 그야말로 슈퍼엘리트이며 운까지 좋다. '정말로 엄청난 인물이 될지도 모르겠구나.'라고 생각했던 것이다.

일 년 전에는 TV 리서치 '대통령이 되면 좋겠다고 여기는 유명인'에서 이미 그는 대통령이었다. 비주얼로도 혜택을 입은 그는 종종 여성지에도 실리곤 했다.

마크롱은 작년 4월에 '좌우의 좋은 의사를 결집해, 우도 아니고 좌도 아닌 정치를 목표로 한다.'라고 밝히고 '전진'이라는 정치운동을 개시했고 8월에는 장관을 사임해 활동의 자유재량을 획득했다. 11월에 '앙 마르셰!(En Marche! = 전진)'로 정당을 개조해서 독립계 대통령 후보로 입후보했다. 기존의 중도우파도 좌파도 혼란에 빠져서, 극우FN(국민전선)에 제대로 대응조차 하지 못하던 상황이었다. 그는 FN에 대항할 수 있는 유일한 후보로 자신의 위치를 굳건히 하고 안티FN의 대표자가 되어 당선될 수 있었다.

이 사람은 그야말로 스마트하다. 정치가는 이래야 한다. 그런데 지금 곰곰이 생각해보니 이 모든 게 다 부인 브리지트가 지도한 덕분이 아니었을까. 그녀는 연극부의 지도교사였고 세계에서 가장 논리적인 언어라 자부하는 프랑스어 교사였던 것이다. 마크롱도 인정하고 있듯이, 정책은 그의 지성에서 나왔다 하더라도 그 모든 정치적 표현은 무대감독이고 연출가인 그녀의 관여가 있던 것이다.

마크롱은 일관성 있고 흔들리지 않았다. 연애두 초심을 관철했다. 강인한 의지다. 솔직히 그 점을 배우고 싶은 마음에 이 책을 썼다 해도 거짓이 아니다.

정치가에게 완고함은 최대의 강점이긴 하지만 한편으로 약점이기도 하다. 흔들리지 않음은 자신감의 표현이나 엘리트는 대개 좌절을 경험한 적이 없다. 강인한 의지의 뒷면에는 오만이 있다. 그것을 국민이 알아차리고 싫어하게 되면 오셀로의 돌(주어진 시간 안에 상대방의 돌을 뒤집어 결국 자신의 돌 색깔이 많으면 이기는 게임-역주)은 간단히 뒤집어진다. 아니, 이렇게 말을 해도 우선은 기대감으로 시작하고 싶은 게 솔직한 심정이다.

이 책은 개인적으로도 처음으로 사회평론을 가미해 전개한 책이다. 익숙하지 않을뿐더러 생각을 진행해 나가 보니 지금까지 확신하고 있던 것이 흔들려서 꽉 막힌 적도 있었다. 세상 만물에는 앞면도 있고 뒷면도 있으며 2차원, 3차원, n차원으로 중첩되기까지 했다. 문장의 뜻이 불명확하다든가 문맥의 혼란도 있을지 모르겠다. 앞으로 정진하고 노력하겠으니 너그럽게 받아주면 좋겠다.

집필에 계기가 된 세운도(靜雲堂)의 나카고메 치노(中込知野) 씨와 글이 진행되지 않고 멈춰 있을 때 인내심 깊게 기다려 주신 니혼케이자이신붕슈판샤(日本經濟新聞出版社)의 모리카와 요시오(森川佳勇) 씨에게 마음으로 감사를 드리고 싶다. 또한, 최신정보를 제공해 주신 파리에 살고 있는 친구들, 일본에서 활약하고 있는 친밀한 동창생 친구들에게도 감사의 말을 전한다.

데라시네(déraciné: 조국을 떠나거나 고향을 잃은 사람-역주) 같은 삶을 살아온 나는, 지금 새로운 생각을 품고 옛 프랑스령 인도차이나로 간다. 남쪽의 젖과 꿀이 흐르는 나라는 지금 우기다. 매일매일 에프터눈티를 마실 시각이 되면 눈앞이 어두워지고 굵은 빗방울이 격렬하게 지면을 때리며 도로는 강처럼 흘러넘칠 것이다. 짧은 시간 지속된 스콜이 끝나면 태양은 찬란하게 빛나고 하늘에는 구름 한 점 없을 텐데 그곳은 사계절도 없다. 그야말로 마르그리트 뒤라스(Marguerite Duras: 소설가, 시나리오 작가, 극작가, 영화감독. 영화〈연인〉이 유명하다-역주)가 그린 '낭만'의 세계 그 자체다.

자, 나도 여행을 떠날 때다.

이와모토 마나

프랑스 사람은
지우개를 쓰지 않는다

초판 1쇄 발행 2019년 7월 10일

지은이 이와모토 마나
옮긴이 윤경희
디자인 디자인 잔
인쇄 · 제본 한영문화사

펴낸이 이영미
펴낸곳 올댓북스
출판등록 2012년 12월 4일(제 2012-000386호)
주소 서울시 마포구 연희로 19-1, 6층(동교동)
전화 02)702-3993
팩스 02)3482-3994

ISBN 979-11-86732-44-1(03920)

* 잘못된 책은 구입처에서 바꿔 드립니다.
* 책값은 뒤표지에 있습니다.
* 올댓북스는 여러분의 원고를 환영합니다.
  원고를 보내실 곳 : all_books@naver.com